B. Vollero

Spielleichtathletik
Teil 2
Springen und Wettkämpfen

Hans Katzenbogner / Michael Medler

Spielleichtathletik
Teil 2
Springen und Wettkämpfen

Flensburg 2004

9. Auflage

24944 Flensburg · Telefon (04 61) 3 43 44 · Telefax (04 61) 31 17 49
e-mail: medler@cm-sportbuch-verlag.de
www.cm-sportbuch-verlag.de

Zeichnungen: Michael Medler, Flensburg
Herstellung: Evert-Druck, Neumünster
ISBN 3-928695-03-7

Inhalt

Einleitung

Mit dem Thema Spielleichtathletik haben wir uns das hohe Ziel gesetzt, Leichtathletik als eine Sportart sichtbar zu machen, in der nicht Einseitiges und Genormtes, sondern Vielseitigkeit und Bewegungsreichtum im Vordergrund stehen, in der nicht nur die gemessene Leistung, sondern auch das Spiel mit der Bewegung abgefordert wird, in der dem Einzelnen nicht nur seine Grenzen, sondern auch seine Möglichkeiten aufgezeigt werden, in der nicht nur Mühe abgefordert wird, sondern auch Spielfreude und Bewegungslust einen angemessenen Platz haben und in der der Leistungsschwächere sich im Wettkampf nicht verstecken muß, weil er schon von vorneherein als Verlierer feststeht, sondern auch er Spannung und Unsicherheit des Ausgangs erleben kann.

Damit vertreten wir die optimistische Position, daß die Leichtathletik selbst über die Mittel verfügt, sich an ihrem eigenen Schopfe aus dem herauszuziehen, worin sie seit Jahren zu versacken droht: Normiertheit, Ernüchterung und Interessenlosigkeit. Denn die Leichtathletik selbst bietet gute Möglichkeiten, spielend tätig zu sein und dabei gleichzeitig zu lernen, zu üben, zu trainieren und in dieser Verbindung die notwendige Wertschätzung wachsen zu lassen.

Spielleichtathletik ist kein in sich geschlossenes System, ist nicht die Alternative zur Leichtathletik und nicht alternative Leichtathletik, sondern sie ist Teil der Leichtathletik. In diesem Sinne ist sie als Ergänzung und ganz besonders als Bereicherung zu verstehen. Da das tägliche Geschäft in der Leichtathletik vielerorts jedoch noch ganz anders aussieht, bedarf es bei Lehrern, Trainern und Übungsleitern der Bereitschaft des Öffnens und eines energischen und mutigen Handelns, um sich von alten Gewohnheiten zu lösen und sich neuen Vorgehensweisen zu öffnen, die auf dem Wege zu Leistung und Erfolg eher wie Umwege aussehen, die aber die Vorteile in sich bergen, die faszinierende Vielfalt leichtathletischer Bewegungen darzustellen und den Bedürfnissen der Kinder und Jugendlichen nach Erlebnis, Spannung, Abwechslung und Freude gerecht zu werden.

Das Gewand der Spielleichtathletik vermittelt eine lockere, freudvolle Atmosphäre. Die Übenden probieren, improvisieren, variieren und entdecken, alleine, mit dem Partner und in der Gruppe. Der Lehrer, Trainer oder Übungsleiter arrangiert die Situationen mit abwechslungsreichen Aufgaben, an unterschiedlichen Plätzen und mit interessanten Geräten.

Dabei wechseln Phasen des entspannten Lernens und Übens mit spannungsgeladenen Wettspielsituationen, in denen das Gelernte angewendet wird. Bei allen diesen spielerischen Tätigkeiten sind die Leiter der Gruppen und die Gruppe selbst aufgefordert, sich immer wieder neu zu erproben, anzupassen und sich zu entfalten.

Spielleichtathletik ist nicht Spielerei. Sie erfordert Planung und Ordnung um einen in sich ruhenden Sinn. Ihr Angebot eignet sich für die Erarbeitung von neuem Bewegungsgut genauso wie zur Einübung, sie ist für den Schulsport genauso geeignet wie für das Grundlagentraining im Verein, und sie hat nicht minder eine Bedeutung für das Aufbautraining beim Leistungsaufbau. Spielerisches Lernen und Trainieren sind die wirkungsvollsten Formen sportlichen Handelns, weil sie von hoher Emotionalität begleitet werden und die besten Voraussetzungen für eine starke Motivation in sich tragen.

Im ersten Band haben wir die Teile Laufen und Werfen herausgearbeitet. In diesem zweiten Band ist der erste Teil dem Springen gewidmet, im letzten werden dann unter der Überschrift "Wettkämpfen" Vorschläge für leichtathletische Wettkämpfe gemacht, die auf die in beiden Bänden dargestellten Formen zurückgreifen.

Springen

Es bedarf eigentlich keines Aufwandes, Kinder zum Hüpfen und Springen zu bringen. Schon einfache Bodenmarkierungen und aufgezeichnete Muster reichen als Herausforderung. Beispiele sind die Hüpfspiele auf Schulhöfen oder Plattenwegen und Terrassen, bei denen die Kinder nicht selten alles andere um sich herum vergessen. Gestalter von Schulhöfen und Kinderspielplätzen sind deshalb gut beraten, wenn sie die Böden mit den bei den Hüpfspielen üblichen Zeichnungen versehen. Alle diese Spielfelder sind schon immer auch leichtathletische Spielfelder.

Von diesen ist es nur ein kleiner Schritt zur Herausforderung des Hüpfens und Springens mit Materialien, mit denen der Rasen als Sprunglandschaft gestaltet wird. Geeignet sind alle Geräte, die eine "springende Antwort" verlangen. Seile und Taue, Fliesen und Reivo-Plättchen, Gymnastik- und vor allem Fahrradreifen sind dabei wichtige Hilfsmittel.

Besonders reizvoll sind alle Hindernisse und Gräben, mit denen anschauliche Sprungaufgaben gestellt werden, die einfach nur dadurch, daß sie "im Wege stehen", zum Überspringen herausfordern. Sind die Hindernisse flach, können sie ruhig starr und fest sein wie z.B. Bänke und kleine Kästen. Im Grenzbereich behalten sie ihren Aufforderungscharakter häufig jedoch nur dann, wenn sie keine Angst erzeugen und eine Berührung nicht mit negativen Erfahrungen verbunden ist. Besonders bewährt haben sich dafür die Bananenkartons, die zu ganz unterschiedlichen Herausforderungen zusammengestellt werden können. Sie haben darüber hinaus den Vorteil, daß sie als leichte Geräte überallhin mitgenommen werden können. Draußen auf dem "nackten" Rasen lassen sich mit ihrer Hilfe an jeder gewünschten Stelle ganze Sprunglandschaften erstellen.

Im Springen steckt ein großes rhythmisches Repertoire, das von kleinen Hüpfspielen bis zum rhythmischen Kräftespiel mit großer Dynamik gestaltet werden kann. Dieses kann, wie wir es auch schon beim Laufen dargestellt haben, ausgezeichnet mit Musik unterstützt werden. Hüpfmusik ist 100er- bis 120er Musik, d.h. Musik mit etwa 100 bis 120 deutlichen Schlägen. Wenn zwischen den Hindernissen jedoch gelaufen wird, eignet sich auch hier die Laufmusik mit 160 Schlägen am besten. Mit Musik gelingt es, Sprünge im mittleren Tempo und mit mittlerer Intensität zum elastischen Schwingen zu bringen. In dieser Konstellation werden auch anstrengendere Übungs- und Trainingsprozesse lustvoll erlebt.

Runterspringen, Raufspringen, Überspringen, Rüberspringen und Mehrfachspringen weisen den Weg zur Vielfalt leichtathletischer Sprungausbildung. Besondere kinästhetische Gefühle werden erlebt, wenn Flugphasen verlängert werden und wenn es gelingt, den Körper in einen schwebenden Zustand zu versetzen. So ist es ein erhebendes Gefühl, sich mit einem Stab von einem Hügel heruntertragen zu lassen oder von diesem mit weitem Flug herunterzufliegen, eine Treppe hinaufzulaufen, um dann weit durch die Luft zu fliegen, und es ist mit besonderem Erleben verbunden, sich mit dem Tau über ein Hindernis tragen zu lassen oder sich mit dem Stab oder Tau auf etwas hinauftragen zu lassen.

Mit der Vielfalt der Aufgaben und der Stetigkeit ihrer Herausforderung wachsen Sprunggewandtheit und Sprungkraft als Voraussetzung für die Vermittlung leichtathletischer Sprungdisziplinen. Mit Weitsprung, Dreisprung, Hochsprung und Stabhochsprung ist auch die technische Ausbildung sehr vielfältig. Die Vermittlung aller vier Disziplinen wird dann am besten gelingen, wenn sie auf ihre einfachsten Strukturen zurückgeführt werden und schon bei den Kleinen immer wieder verwandtes Bewegungsgut in Formen spielerischen Erprobens herausgefordert wird. Das sind beim Weitspringen Übersprünge über Hindernisse, die sichtbare Ergebnisse und damit Erfolgserlebnisse liefern und bei entsprechender Organisation bis in Grenzbereiche gesteigert werden können. Aber auch Erlebnisse des Fliegens, die mit Tiefsprunggruben und Kastentreppen möglich gemacht werden können, vermitteln wichtige Erfahrungen. Beim Dreisprung sind das alle Arten von rhythmischen Einbeinsprüngen mit und auch ohne Beinwechsel, ohne daß die Anzahl der Sprünge eine Rolle spielt. Beim Hochsprung geht es schwerpunktmäßig um koordinative Aufgaben beim Flug durch die Luft und die entsprechenden Landungen. Dazu gehören Drehungen genauso wie das Flugverhalten verschiedenster Hochsprungtechniken. Und beim Stabhochsprung stehen das "Tarzan"-Schwingen am Tau und Überspringen kleiner Hindernisse und Gräben mit dem Stab bis hin zum Stabweitsprung im Vordergrund, bevor der Sprung auf Höhe in den Mittelpunkt rückt. Am Tau wird die Kraft gesammelt, die für das Springen mit dem Stab erforderlich ist.

Ziel der spielerischen Vermittlung von Sprungtechniken ist nicht die schnelle Hinführung zur Bewegungsform, sondern das Wachsen-Lassen der Voraussetzungen in reizvollen Erlebenssituationen. Dabei wird so mancher Umweg in Kauf genommen. Nicht die geradlinige Methode steht im Mittelpunkt, sondern der langfristige Aufbau über mehrere Jahre.

Bewegungsvielfalt "Springen"

Vielfältiges Springen

Mit Partnerhilfe

Der Partner kann in ganz unterschiedlicher Weise als Helfer tätig sein: als direkter Helfer beim Führen und Halten des Übenden, als indirekter Helfer beim Halten von Seilen und Geräten, als lebendes Hindernis und anderes mehr. Beim Hüpfkreis gibt ein Partner direkte Hilfe. Er reicht dem Übenden die Hand, während dieser sich in verschiedenen Hüpfarten (beidbeinig, einbeinig rechts und links, Grätschhüpfen, Wechselhüpfen) um ihn herumbewegt. Dafür können auch Dreier- oder Fünfergruppen

gebildet werden, bei denen je einer die beiden oder die vier anderen um sich herumhüpfen läßt. Interessante Varianten sind das Überwinden einer festgelegten Strecke im Halbkreishüpfen, bei dem die Übenden abwechselnd im Halbkreis von einer Seite auf die andere hüpfen, und das Slalomhüpfen, bei dem der Übende nach jedem Halbkreis an den nächsten Helfer übergeben wird.

Interessante Gruppenformen bieten die Hüpfschlangen. Sie können in Zweier- und Dreiergruppen bis hin zu ganz großen Gruppen mit ganz verschiedenen Hüpfaufgaben ausgeführt werden. Eine ganz besondere Atmosphäre kommt auf, wenn der Hüpfrhythmus durch geeignete Musik (100 bis 120 Schläge pro Minute) unterstützt wird.

Mit Seilen, Zauberschnüren oder Reivo-Bändern werden erste Hindernisse gebaut. Dabei sind ganz unterschiedliche Gestaltungen möglich. Eine kompakte Organisation bietet der Sitzkreis, der mit Seilen abge-

schlossen wird. Die Übenden springen in den Kreis hinein und wieder hinaus, während sie sich um den Kreis herumbewegen. Möglich ist auch ein Wechsel von Laufen und Springen, z.B. auch in der Weise, daß die Übenden nach Laufmusik um den Kreis herumtraben und beim Stopp der Musik die Sprungaufgabe so lange erfüllen, bis die Musik wieder einsetzt.

Bei sternförmiger Anordnung ergibt sich ein Rundkurs mit kurzen Abständen auf der Innenbahn und weiten Abständen auf der Außenbahn.

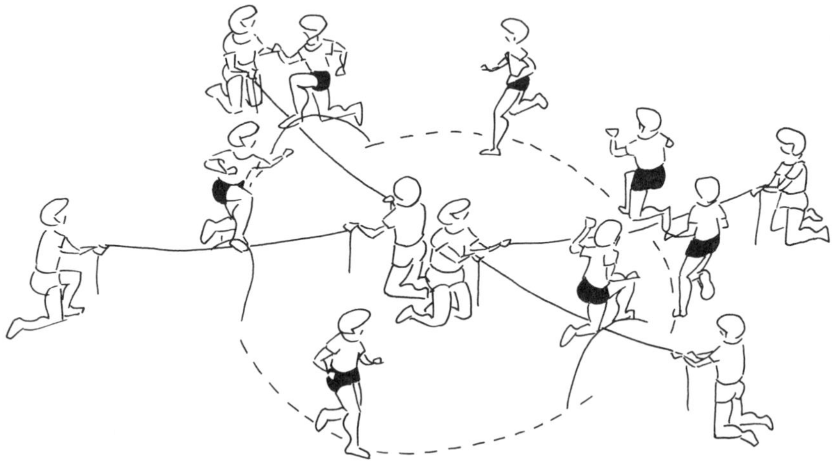

Mit je zwei Helfern pro Seil können die Hindernisse zu verschiedenen Sprungfolgen mit engen, weiten und auch unterschiedlichen Abständen zwischen den Hindernissen zusammengestellt werden. Halten sie zwei

Seile, werden größere Sprünge herausgefordert, und bei der Verwendung von Stäben werden Helfer eingespart.

Schließlich können die Übenden selbst in ganz unterschiedlicher Weise als Hindernisse fungieren. Bequeme Positionen sind das Liegen oder die Bankstellung. Gefordert werden können jedoch auch Liegestütze, Seitlie-

gestütze oder Brücken rückwärts, bei denen die lebenden Hindernisse funktionelle Kraftübungen ausüben. Variationen sind das Üben im Kreis

oder in anderen Raumwegen oder die "wachsende Hindernisstrecke", bei der diese Springer um Springer an vorher ausgelegten Markierungen aufgebaut wird. Das geht auch paarweise mit und ohne Handfassung.

Herausfordernd wird es, wenn die Hindernisse von je zwei Partnern gebildet werden. Es versteht sich von selbst, daß bei diesen Aufgaben nicht bis in den Grenzbereich gesteigert wird.

Springgarten

Der Springgarten ist ein abgestecktes Viereck, das mit verschiedenen Geräten zu herausfordernden Sprungaufgaben gestaltet wird. Zunächst werden einfach nur Reifen ausgelegt, die als Hüpfkreise gelten. Bei der ersten Aufgabe steht in jedem Hüpfkreis ein Helfer. Die Übenden bewe-

gen sich auf frei gewählten Wegen durch den Springgarten. Immer wenn sie einen Reifen erreichen, geben sie dem Helfer die Hand und hüpfen einmal um diesen herum. Die Aufgabe kann auch so durchgeführt werden, daß alle Übenden nach Laufmusik im Viereck traben. Wenn die Musik ausgeht, laufen einige von ihnen in die Reifen, während die anderen so lange Hüpfkreise durchführen, bis die Musik wieder einsetzt. Die Bewegungsausführungen des Hüpfens können vielfältig variiert werden (beidbeinig , einbeinig, Grätschhüpfen, Wechselhüpfen usw.).

Ohne Helfer geben die Reifen lediglich die Stellen an, an denen die Hüpfkreise ausgeführt werden sollen. Wie vorher kann mit Laufmusik ein

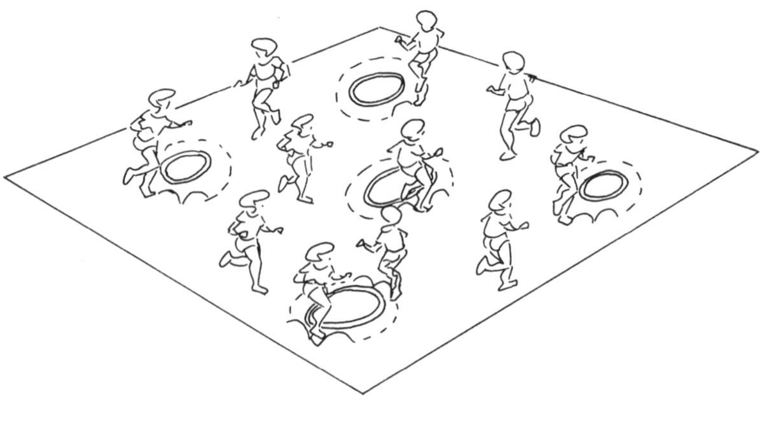

Wechsel von Traben und Springen gestaltet werden. Statt der Reifen können aber auch andere Geräte als Orientierung gelten, wie z.B. kleine Kästen in der Halle oder Bananenkartons. Letztere bieten besondere

Sprungherausforderungen, wenn sie zu Hindernissen zusammengestellt werden, was je nach Leistungsfähigkeit in ganz unterschiedlicher Weise

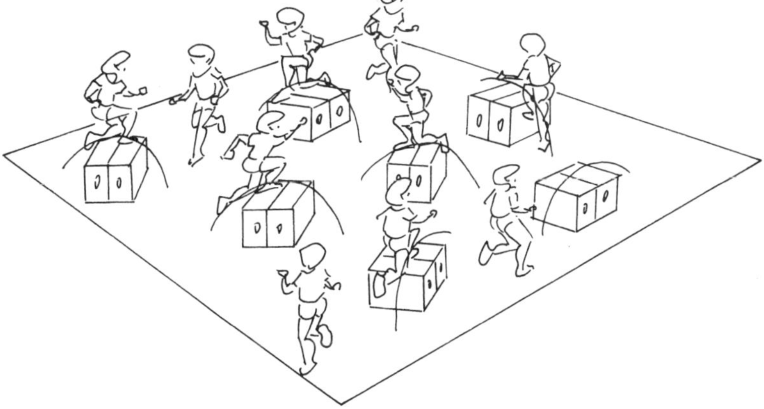

geschehen kann. Im gleichen Hindernisgarten können aber auch verschiedene Hindernishöhen und -weiten angeboten werden z.B. mit der Aufgabe, abwechselnd ein flaches und ein hohes Hindernis zu überwinden.

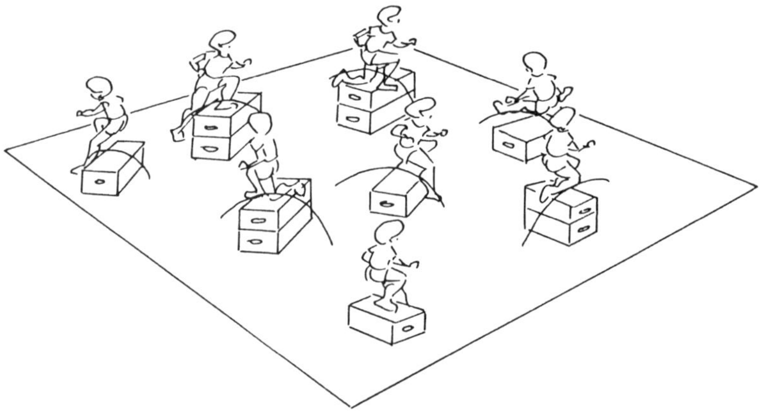

Interessante Variationen bietet die Organisation der Übenden in Paaren. Diese bewegen sich z.B. mit Handfassung durch den Hindernisgarten. Der eine überwindet das Hindernis, der andere läuft daran vorbei. Beim

nächsten Hindernis werden die Rollen getauscht, oder der Wechsel erfolgt erst nach einer festen Anzahl von Sprüngen.

Etwas verändert ist die Aufgabenstellung, wenn beide die Hindernisse gemeinsam überwinden. Dabei bleiben die Hände gefaßt.

Bei den nächsten Formen hat immer einer Pause, während der andere im Hindernisgarten unterwegs ist. Das kann in ganz unterschiedlicher Weise geschehen. Bei der ersten Aufgabe wartet immer einer am Rand des Hindernisgartens. Der andere überwindet jeweils eine feste Anzahl von Hindernissen und kehrt dann zu seinem Partner zurück. Eine interessante Steigerungsform liegt vor, wenn die Anzahl der Sprünge von Einsatz zu Einsatz jeweils um einen Sprung erhöht wird, d.h. wenn der erste Springer beim ersten Einsatz nur ein Hindernis überwindet, der zweite Springer bei seinem Einsatz dann zwei, der erste dann drei usw.

Der Wechsel der Aufgaben kann jedoch auch mit einem um das Viereck herumtrabenden Partner geschehen. Nach Erfüllung der Aufgabe im Hindernisgarten kehrt der Springer zu seinem Partner zurück, und dieser übernimmt seine Aufgabe, sobald er bei ihm eingetroffen ist. Diese Form kann ausgezeichnet mit Laufmusik unterstützt werden.

Spiele am Viereck

Fangen mit Sprungbefreiung

Alle Spieler bewegen sich in einem Viereck, in dem Hindernisse verteilt sind. Eine angemessene Anzahl von ihnen wird zu Beginn zu Fängern bestimmt und z.B. durch Mannschaftsbänder kenntlich gemacht. Wer gefangen wird, übernimmt die Aufgabe des Fängers. Beim Verfolgen muß von jedem Spieler abgelassen werden, der sich durch einen Sprung über eines der Hindernisse befreit.

Paarfangen mit Sprungbefreiung

Die Spieler sind zu Paaren zusammengestellt. Eine angemessene Anzahl von ihnen sind Fänger. Sie sind durch Mannschaftsbänder kenntlich gemacht. Gefangene Paare übernehmen die Fängeraufgabe. Wer verfolgt wird, kann sich durch einen Sprung über ein Hindernis befreien.

Auf die Rundbahn schicken

Für dieses Spiel werden die Hindernisse außen um das Viereck herum aufgestellt und feste Fänger bestimmt. Wer gefangen wird, muß eine Runde über die Hindernisse laufen und darf erst dann wieder ins Spielfeld zurück. Ziel der Fänger ist es, einmal alle Spieler aus dem Feld zu bekommen. Die anstrengende Aufgabe muß zeitlich begrenzt werden. In jedem Durchgang tritt eine neue Fängermannschaft an.

Aus dem Feld schicken

Die Hindernisstrecke führt jetzt nicht um das Spielfeld herum, sondern von ihm weg. Die Organisation ist die gleiche wie beim "Auf die Rundbahn schicken". Wer gefangen wird, muß aus dem Feld und einmal die Hindernisstrecke bewältigen.

Hindernisstaffel im Springgarten

Mehrere Mannschaften, die außerhalb des Springgartens versammelt sind, treten gegeneinander an. Die Aufgabe besteht darin, eine feste Anzahl von Hindernissen auf frei gewähltem Weg zu überwinden und dann den nächsten abzuschlagen.

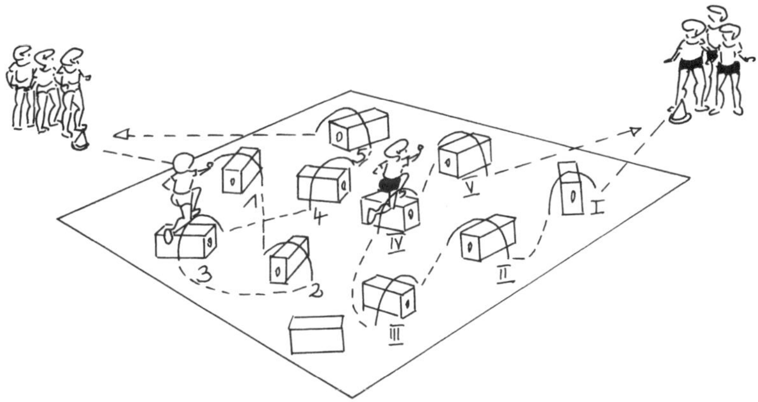

Paarstaffel im Springgarten

Die Hindernisse im Springgarten werden verbreitert. Jede Mannschaft tritt mit Paaren an, die die Sprungaufgabe mit Handfassung absolvieren. Jedes Paar überwindet eine festgelegte Anzahl von Hindernissen auf frei gewähltem Weg und schlägt dann das nächste Paar ab.

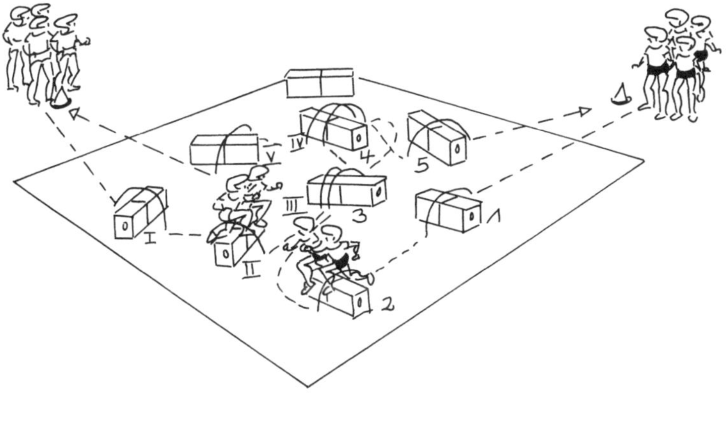

Rhythmische Reihen

Günstige Voraussetzungen für rhythmische Reihen bieten langgestreckte Geräte und ebensolche Gerätezusammenstellungen. Eine besondere Atmosphäre wird darüber hinaus geschaffen, wenn die Sprungbewegungen mit Musik unterstützt werden. Geeignet ist jede Musik, die 100 bis 120 Schläge pro Minute aufweist. Für Kinder und Jugendliche bietet die Popmusik eine reiche Fundgrube, und sie sind auch in der Lage, selbst etwas mitzubringen.

Anreiz bietet schon ein einfaches Tau, das, auf dem Rasen der Länge nach ausgelegt, zu rhythmischem Springen herausfordert. Grätschsprünge, "Kreuzsprünge", ein- und beidbeinige Wedelsprünge bestimmen das Programm. Neue Gestaltungsmöglichkeiten kommen hinzu, wenn zwei

Taue parallel zueinander ausgelegt werden. Dabei kann die entstehende Gasse als Landefeld, in das hineingesprungen wird, oder aber als Graben gekennzeichnet werden, der nicht betreten werden darf, so daß größere seitliche Sprungausführungen erforderlich werden.

Darüber hinaus haben die frei beweglichen Taue den Vorteil, daß sie zu unterschiedlichen Figuren zusammengelegt werden können. Im Kreis

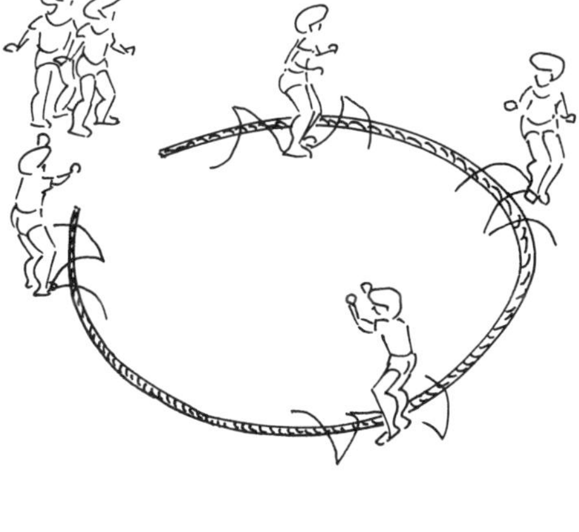

oder in der S-Form werden alle dargestellten Sprungausführungen noch einmal interessant.

Besondere Aufforderung für rhythmische Sprunggestaltungen haben die Fahrradreifen. Sie bieten eine Fortsetzung des Springens in Sprungfeldern, wie sie auf vielen Schulhöfen eingezeichnet sind. Vorteil der Fahrradreifen ist, daß sie noch viel variabler einsetzbar sind und je nach Leistungsvermögen der Übenden in ganz unterschiedlichen Abständen bis hin zu echten Herausforderungen ausgelegt werden können. Eine besondere Spannung kann erzeugt werden, wenn man die Reihen ganz allmählich wachsen läßt. Dafür werden die einzelnen Stationen vorher aufgebaut und dann von Station zu Station gewechselt, oder jede

Übungsgruppe erhält eine Anzahl von Reifen, mit der sie die Sprungstrecke Durchgang um Durchgang erweitert. Die Unterstützung mit Musik rundet die Aufgabenstellungen ab.

Auch die Fahrradreifen können zu verschiedenen Figuren zusammengelegt werden. Der Strom mit gleichen oder an jeder neuen Reihe un-

terschiedlichen Aufgaben, der Kreis und die S-Form sind auch hier mögliche Varianten.

Eine andere interessante Variante bietet der Wechsel von Laufen und Springen, wenn dieser in festen Intervallen mit Musik gestaltet wird. Dafür wird ein Musikband in der Weise zusammengestellt, daß Laufmusik und Sprungmusik sich abwechseln. So folgen nach 60 sec Laufmusik (160 Schläge pro Minute) z.B. 60 sec Sprungmusik (100 bis 120 Schläge pro Minute). Zwischen beiden Musikteilen liegt eine kurze Pause, die den Wechsel der Aufgabenstellung ankündigt und Möglichkeiten für kurze

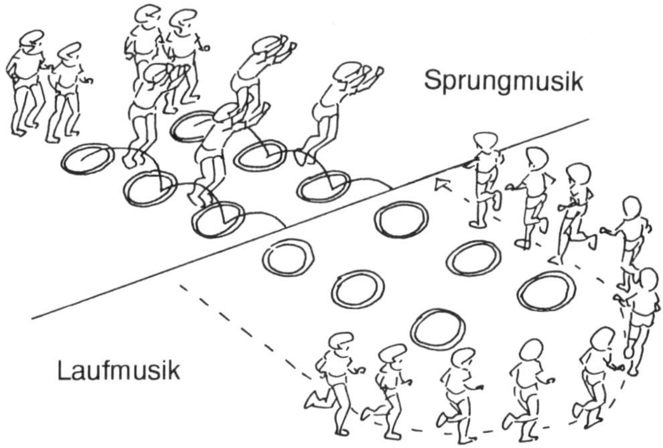

Erklärungen bietet. Der organisatorische Rahmen kann in ganz unterschiedlicher Weise bereitgestellt werden. Viele der vorne dargestellten Gestaltungsmöglichkeiten bieten hierfür eine angemessene Grundlage.

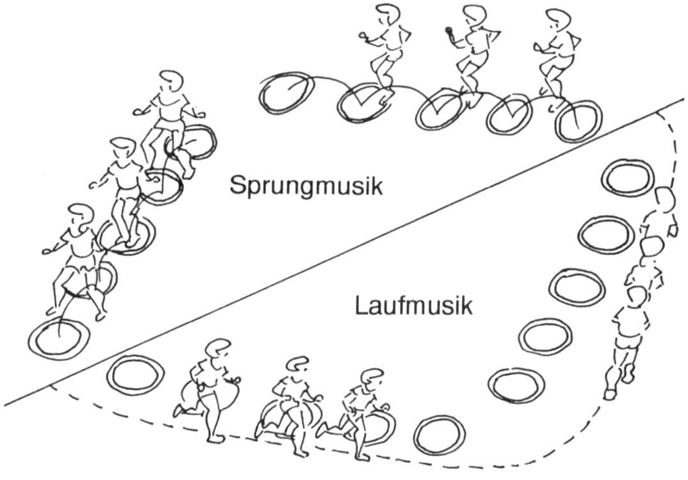

In der Halle bieten die Langbänke traditionell gute Möglichkeiten für rhythmische Sprunggestaltungen. Sie haben sicherlich den Nachteil, daß sie starre Geräte sind und deshalb bei dem einen oder anderen auch einmal Angst erzeugen. Bei einer angemessenen Auswahl der Aufgabenstellungen und entsprechender Beobachtung der Übenden sind sie jedoch wertvolle Geräte. Beachtet werden sollte, daß für Aufsprünge auf die Bänke, wie z.B. bei den Grätschsprüngen, nur ganz stabil stehende Geräte verwendet werden können.

Richtig gefordert sind die Übenden, wenn die Bänke zu Gassen zusammengestellt und beide Bänke in die Aufgabenstellungen einbezogen werden.

Ähnliche Voraussetzungen wie durch Bänke in der Halle können draußen auf dem Rasen mit Bananenkartons hergerichtet werden. Diese haben gegenüber der Bank den Vorteil, daß sie, weil sie aus Pappe sind und beim Gegenstoßen verrücken, keine Angst erzeugen. Außerdem können sie zu unterschiedlich hohen Hindernissen zusammengestellt werden. Wie bei den Bänken sind auch Gassen und wie bei den Tauen und Fahrradreifen auch verschiedene Figuren möglich.

Über das schon Dargestellten hinaus gibt es für das Hüpfen und Springen in rhythmischen Reihen eine Vielzahl von Gestaltungsmöglichkeiten sowohl für die Bewegungsausführungen als auch für die Organisationsformen. Die vielen Arten des Springens sind eine Fundgrube für koordinative Herausforderungen und für die Ausbildung einer angemessenen Sprungkraft als Voraussetzung und Ergänzung größerer Sprünge in der Leichtathletik. Die wichtigsten Aufgabenstellungen für die Ausgestaltung solcher Programme sind im folgenden Bilddiagramm zusammengestellt.

Schlußspringen

Schlußspringen mit Anziehen der Knie

Grätschspringen aus der Schlußstellung

Grätschspringen seitwärts aus der Schlußstellung

Hampelmannspringen vorwärts

Kreuzspringen aus der Schlußstellung

Schlußspringen mit Absenken auf vier Zeiten und wieder Aufrichten

Grätschspringen mit Absenken auf vier Zeiten und wieder Aufrichten

Kreuzspringen

Wedelspringen

Ausfallspringen

Einbeiniges Seitspringen

Hinken

Hinken mit Beinwechsel

Wechselspringen

Wechselspringen mit Auskicken eines Beines

Wechselspringen mit Knieheben

Beinheben aus dem Schlußspringen

Schrittspringen

Schrittspringen aus dem Hinken

Grätschspringen

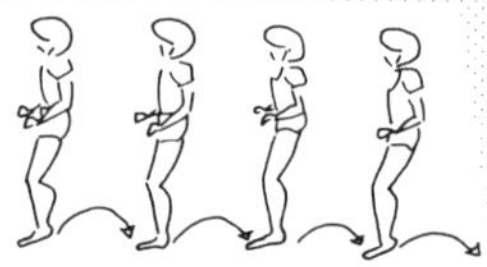
Schlußspringen rückwärts

Grätschspringen rückwärts

Drehspringen

Fußgelenksspringen

Grätschspringen mit viertel Drehungen

Seitspringen mit abwechselndem Knieheben vorwärts und seitwärts

Schlußspringen mit abwechselndem Knieheben vorwärts und seitwärts

Grätschspringen und Schlußspringen mit viertel Drehungen

Seitspringen mit Kreuzen der Beine

Die Organisation der Programme erfolgt ähnlich wie bei den verschiedenen Formen des Laufens in der Stirnreihe, bei der alle Übenden neben-

einander eine festgelegte Strecke überwinden und zur Erholung jeweils mit Gehen wieder zur Ausgangsposition zurückkehren, oder im Kreis, bei dem der Lehrer/Trainer/Übungsleiter oder abwechselnd ein Übender

gegen die Bewegungsrichtung die Sprungformen vormachen. Auch hier können Gehen und Springen einander abwechseln. Das macht auch bei Unterstützung mit Musik keine Probleme, weil Gehen und Springen die gleiche rhythmische Grundstruktur haben.

Andere Organisationsmöglichkeiten bieten die Langbänke. Parallel zueinander im Abstand von etwa drei Metern markieren sie auch auf kleinstem Raum eine lange Slalomstrecke. Diese kann einzeln oder auch mit sich

begegnenden Paaren bewältigt werden. Ein Belastungswechsel mit entsprechender Erholung kann dadurch erreicht werden, daß die Sprungaufgabe nur immer über die Länge der Bankgasse ausgeführt wird und dann bis zum Beginn der nächsten Gasse gegangen wird.

Besonders motivierend ist das Springen, wenn Paare mit Schulterfassung

als Tandems unterwegs sind oder wenn die Slalomstrecke von allen Übenden im "Bandwurm" bewältigt wird.

Draußen auf dem Rasenplatz ist der Bananenkarton das geeignete Hilfsmittel, um ähnliche Gestaltungen zu erreichen. Vorteil des Rasens ist der federnde Boden, Nachteil, daß die unterstützende Musik oft nur mit großem Aufwand bereitgestellt werden kann. Man sollte aber auch hier nicht darauf verzichten.

Überspringen von Hindernissen

Übersprünge sind ein wichtiges Thema im Rahmen leichtathletischer Sprungausbildung. Reizvoll verpackt bieten sie ausgezeichnete Möglichkeiten für ganzheitliche Aufgabenstellungen zur Verbesserung von Sprungkraft, Sprunggewandtheit und Rhythmusfähigkeit.

Mit parallel zueinander aufgestellten Bänken kann auf engstem Raum ein großzügiger Hindernisparcours gestaltet werden. Für die in der Mitte der Bankgassen erforderlichen Hindernisse stehen kleine Kästen, Matten, Mattenbögen, Kartons und anderes zur Verfügung. Die Bananenkartons haben wieder den Vorteil, daß sie ungefährlich sind und von den Übenden auch so eingeschätzt werden. Ein weiterer Vorteil liegt darin, daß sie im Baukastensystem zu ganz unterschiedlichen Hindernissen zusammengestellt werden können, so daß man das Überspringen z.B. durch allmähliche Vergrößerung der Hindernisse sehr spannend gestalten kann.

Erste Erfahrungen sammeln die Übenden mit kleinen Hindernissen. Dafür reicht ein einzelner Karton. Die Herausforderung kann allmählich erwei-

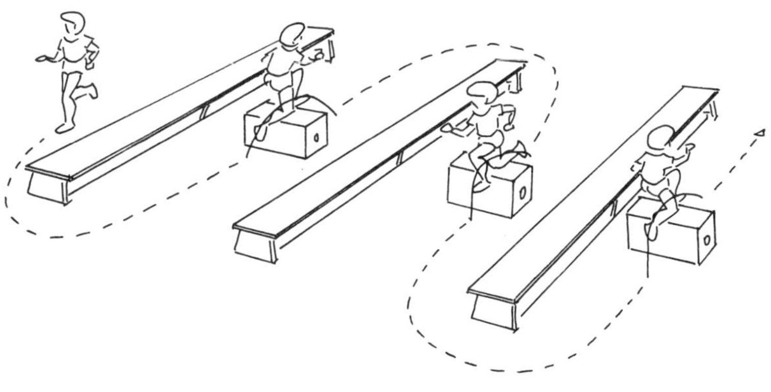

tert werden, indem weitere Kartons dazugestellt werden. Das Vertrauen in die eigene Leistungsfähigkeit wächst am besten, wenn die Hindernisse ganz allmählich gesteigert werden. Je nach Leistungsfähigkeit sind zwei, drei und mehr Kartons möglich.

Eine interessante Variante ist die wachsende Hindernisstrecke. Dabei steht in der ersten Gasse nur ein Karton, in der zweiten Gasse stehen zwei, in der dritten drei usw. Die Hindernisstrecke kann von Beginn an so eingerichtet werden, sie kann aber auch dadurch besonders spannend gemacht werden, daß sie Schritt um Schritt wächst, z.B. in der Weise, daß beim ersten Durchgang in allen Gassen nur ein Karton steht, beim zweiten Durchgang ab der zweiten Gasse zwei Kartons, beim dritten Durchgang ab der dritten Gasse drei Kartons usw. stehen .

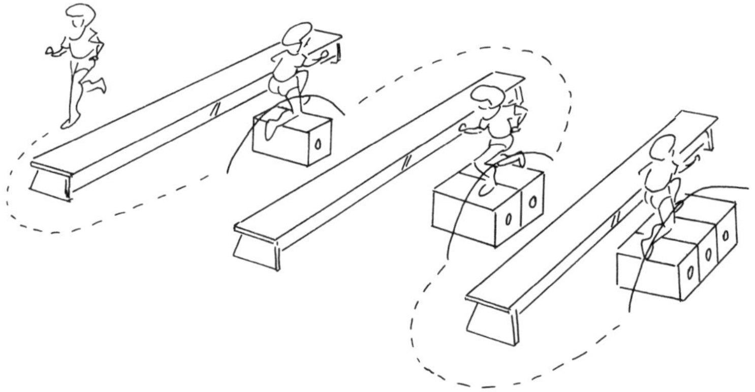

Schließlich reicht die Länge der Bänke aus, um in den Gassen auch zwei Hindernisse aufzubauen. Sollen sie mit einem Schritt dazwischen überwunden werden, sind Abstände von 2,50 bis 3m angemessen; soll das Sprungbein gewechselt werden, was zwei Schritte erfordert, sind Abstände von etwa 5m erforderlich.

Auch diese Aufgabenstellung kann durch eine Vergrößerung der Hindernisse von Gasse zu Gasse noch einmal besonders erlebnisreich gestaltet werden.

In der Halle ist der Mattenbogen ein besonders attraktives Hindernis. Um ihn zu erstellen, wird die Bodenmatte in Längsrichtung gebogen und mit Seilen oder vorbereiteten Drahthaken an den Schlaufen zusammen-

gebunden. Bei Einrichtung entsprechender Abstände können bestimmte rhythmische Gestaltungen erreicht und bei Zusammenstellung mehrerer Mattenbögen zu einem Hindernis größere Sprünge herausgefordert werden.

Draußen auf dem "nackten" Rasen sind die Bananenkartons die besten Hilfsmittel für das Sprungtraining. Sie lassen sich in schier unerschöpflicher Weise zu Sprunghindernissen zusammenstellen. Ein paar wichtige Organisationsmöglichkeiten sollen im folgenden dargestellt werden.

Erstes Beispiel sind Kartonreihen, die entsprechend der Leistungsfähigkeit der Übenden flach, mittelhoch oder auch hoch eingerichtet werden

können. Auch die Schrittgestaltung kann durch die Abstände zwischen den Hindernissen beeinflußt werden. Abstände von etwa 3 Metern sind günstig für einen Schritt, Abstände von etwa 5 Metern für zwei und Abstände von 7 Metern für drei Schritte zwischen den Hindernissen. Nur bei zwei Schritten zwischen den Hindernissen ("Zweier") wechselt das Sprungbein von Hindernis zu Hindernis, beim "Einer" und beim "Dreier" muß das Üben mit dem anderen Bein dagegen angesagt werden.

Differenzierungen bei unterschiedlicher Leistungsfähigkeit machen bei der Verwendung von Bananenkartons überhaupt keine Mühe. Die gleiche Hindernisstrecke kann problemlos mit verschiedenen Höhen eingerichtet

werden. Dabei ist auch das "Mal sehen, ob ich die höhere Seite schon schaffe?" bei der Verwendung von Bananenkartons eine realistische Herausforderung, weil das Anstoßen der Kartons nicht mit schmerzhaften Erfahrungen verbunden ist.

Besondere Erlebnisse bieten Aufgabenstellungen, bei denen die Anzahl der Hindernisse von Anlage zu Anlage ansteigt. So wird z.B. an der ersten Anlage nur ein Hindernis überwunden, an der zweiten Anlage sind es zwei usw.

Richtig spannend wird es, wenn auch die Hindernisse allmählich größer werden. Das kann in unterschiedlicher Weise organisiert werden.

Im ersten Beispiel bestehen beim ersten Durchgang alle Hindernisse nur aus einem Karton. Beim zweiten Durchgang steht an erster Stelle wie vorher ein Karton, und ab dem zweiten Hindernis stehen überall zwei Kartons. Beim dritten Durchgang steht an erster Stelle ein Karton, an zweiter Stelle stehen zwei Kartons und ab dem dritten Hindernis drei Kartons usw..

Im zweiten Beispiel werden verschiedene Hindernisstrecken mit allmählich zunehmender Anzahl und ebenfalls zunehmender Größe der Hindernisse angeboten. Die Übenden beginnen mit der leichtesten Aufgabe und steigern sich dann von Strecke zu Strecke .

Im dritten Beispiel haben alle Hindernisstrecken die gleiche Anzahl von Hindernissen, ihre Größe nimmt allerdings von Anlage zu Anlage zu. Die Übenden beginnen mit der leichtesten Aufgabe und steigern sich dann von Anlage zu Anlage.

Eine Variante ist das Überwinden der Hindernisse zu zweit oder in größeren Gruppen. Die Übenden versuchen, die Strecke synchron oder mit Handfassung zu absolvieren. Die Aufgabenstellung kann aber auch

dahingehend verändert werden, daß nicht gleich die ganze Strecke, sondern bei jedem neuen Einsatz immer ein Hindernis mehr überwunden werden muß.

Die Hindernisreihen können in gleicher, aber auch in unterschiedlicher Höhe aufgebaut werden, so daß die Anforderungen für die gleichzeitig springenden Übenden am gleichen Hindernis unterschiedlich sind. Bei

jedem neuen Durchgang werden die Positionen innerhalb der Gruppen durchgetauscht.

Auch das Gruppenspringen kann durch eine allmähliche Vergrößerung der Hindernisse besonders interessant gestaltet werden. Die Organisationsformen sind die des Einzelspringens, eine Variante ist die Verlängerung der Hindernisstrecke von Durchgang zu Durchgang.

Statt den bisher dargestellten horizontalen Steigerungen der Hindernisse können natürlich auch vertikale Steigerungen eingerichtet werden. Von Sprung zu Sprung müssen die Übenden höhere Hindernisse überwinden.

Das geht auch zu zweit. Eine Variante ist die Aufgabenstellung, bei der nur die ersten flachen Hindernisse zusammen, die höheren dann aber nach einer Verzweigung getrennt bewältigt werden.

Vielfältig wie der Bau der Hindernisse sind die Gestaltungsmöglichkeiten der Hindernisparcours. In ihrer Variation liegt ein wirksames spielerisches Element.

Ein Kreisparcours mit unterschiedlich hohen Hindernissen bietet ausreichend Gelegenheit für ein freies Erproben der Leistungsfähigkeit im

Springen. Nebeneinander angeordnete Hindernisse können im Strom bewältigt werden. Der Übungsweg wird dabei z.B. durch Hütchen gekennzeichnet. Ein angemessener Wechsel von Belastung und Erholung wird erreicht, wenn jede Station des Übungsweges von einem Übenden besetzt wird und jeder nur immer ein Hindernis überwindet und die Aufgabe dann an den nächsten übergibt. Im gleichen Aufbau können bei entsprechend breiten Hindernissen mehrere Gruppen tätig werden.

Andere Gestaltungsmöglichkeiten bieten Aufbauten im Dreieck oder im Viereck. Für einen angemessenen Wechsel von Belastung und Erholung

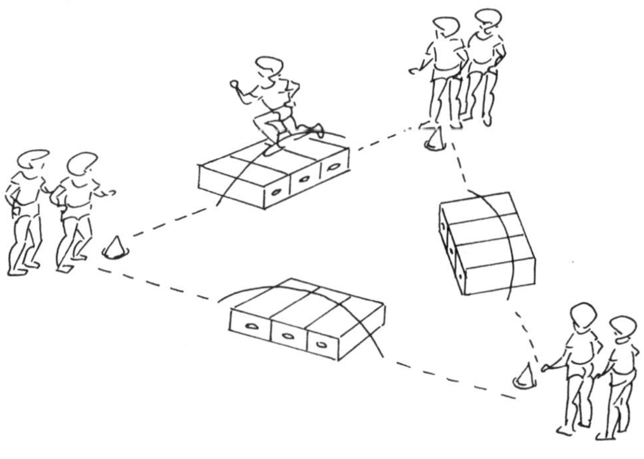

wird jede Ecke oder auch nur jede zweite Ecke einfach oder auch mehrfach besetzt, und jeder Übende legt immer nur die Teilstrecke bis zum nächsten Springer zurück.

Aufspringen

Wie das Überspringen so ist auch das Aufspringen ein wichtiges Thema für die Ausbildung von Sprungkraft und Sprunggeschicklichkeit als Voraussetzung und Ergänzung für leichtathletische Sprungdisziplinen. Geeignet sind dafür alle Geräte, aus denen man Aufsprunghügel bauen kann. In der Halle sind das vor allem Kästen, Matten und Weichböden, draußen auf dem Platz stehen dagegen nur manchmal Geländestufen, eher schon mal die Hochsprungmatte zur Verfügung.

Erste Erfahrungen können mit kleinen Kästen gesammelt werden. Die allen Aufsprüngen folgenden Niedersprünge müssen mit Matten angemessen gedämpft werden. Mit einer vorangestellten Hindernisreihe wird der Aufsprung auf den kleinen Kasten zum Abschluß einer rhythmischen Sprungaufgabe.

Aufsprunghügel mit besonderem Anreiz können mit Weichböden hergestellt werden. Zwei oder sogar drei Weichböden übereinander, mit Seilen rutschfest befestigt, sind eine interessante Herausforderung. Der Reiz der Aufgabenstellung kann zusätzlich dadurch gesteigert werden, daß die Aufsprunghöhe schrittweise Weichboden um Weichboden wächst. Weiche Aufsprunghügel können auch durch Auflegen von Weichböden auf Bänke oder kleine Kästen gebaut werden.

In ähnlicher Weise können jedoch auch mit den meistens reichlich vorhandenen Bodenmatten geeignete Hügel gebaut werden. Sie bieten darüber hinaus den Vorteil, daß durch Auflegen weiterer Matten die Höhe

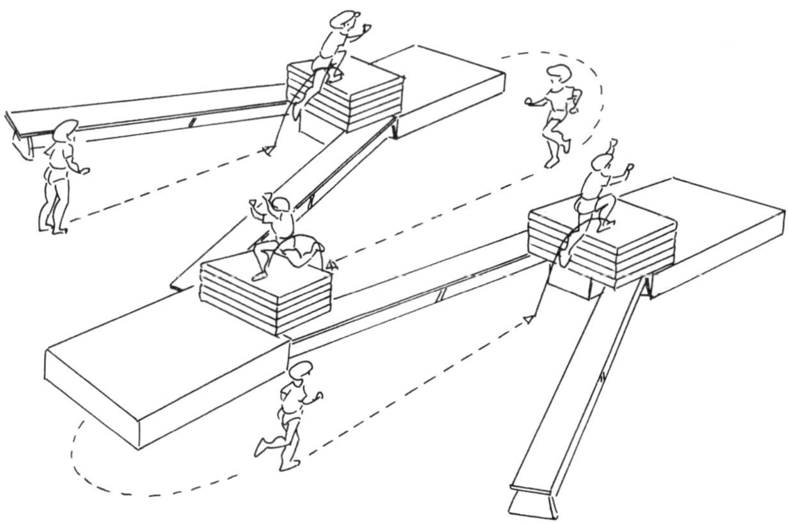

ganz allmählich gesteigert werden kann. Vorangestellte Hindernisse eröffnen die Möglichkeit, rhythmisches Überspringen mit einem Aufsprung

abzuschließen. Dafür eignen sich Bananenkartons, aber auch mit kleinen Kästen, Bänken und Mattenbögen läßt sich eine angemessene Sprunganlage gestalten.

Stabile Aufsprunggeräte sind die großen Kästen. Sie können je nach Leistungsfähigkeit der Übenden in unterschiedlichen Höhen angeboten werden, aber auch im gleichen Parcours mit verschiedenen Höhen unterschiedliche Anforderungen stellen. In gleichen Abständen hintereinander stehend bieten die Kästen Möglichkeiten für rhythmische Bewegungsabläufe, die mit Musik unterstützt werden können. Besonders interessant

ist eine Steigerungsreihe, bei der z.B. mit der Höhe von zwei Kastenteilen begonnen wird und dann auf drei, vier und bei entsprechender Leistungsfähigkeit auch noch mehr Kastenteile gesteigert wird. Bei

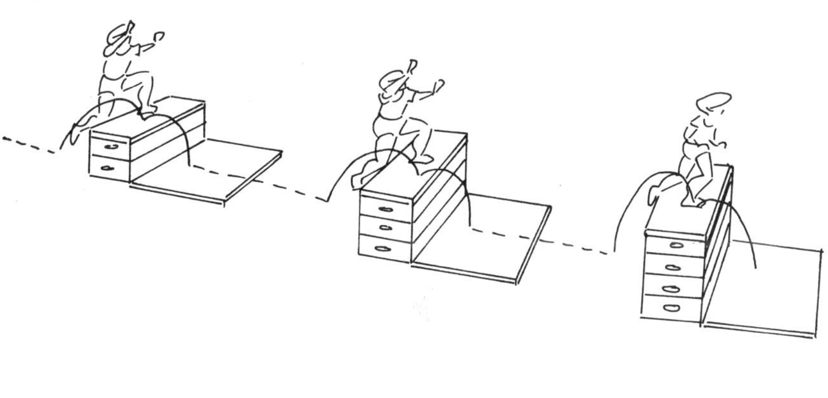

räumlichen Gestaltungen sind die Langbänke wichtige Hilfsmittel, weil sie Übungsbahnen und Anlauflängen vorgeben. Mit vorangestellten kleineren Hindernissen werden die Aufsprünge in rhythmische Abläufe eingebunden. Eine Unterstützung mit Musik ist dabei möglich.

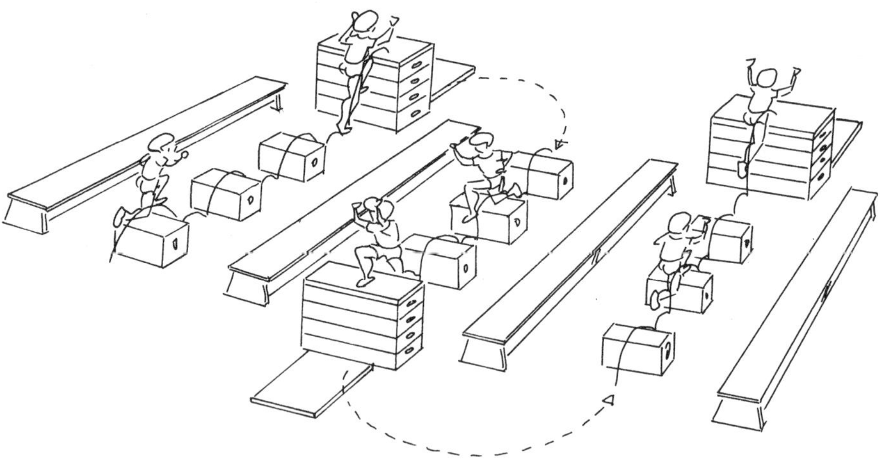

Durch die Gestaltung der Raumwege kann das Thema immer wieder interessant gemacht werden. Wenn die Aufsprunghügel nebeneinander angeordnet sind, kann im Strom geübt werden. Der Übungsweg wird durch Hütchen gekennzeichnet. Ein angemessener Wechsel von Belastung und Erholung wird erreicht, wenn die Übenden an den Hütchen verteilt werden, so daß jeder immer nur einen Sprung ausführt und die Aufgabe dann an den nächsten übergibt.

In der Kombination von Aufsprüngen und Übersprüngen können ganz unterschiedliche Aufgaben gestellt werden. Ein Beispiel ist der Dreieckparcours. Auch bei diesem werden die Übenden einer Gruppe an den Ecken verteilt, und jeder legt immer nur eine Strecke zurück.

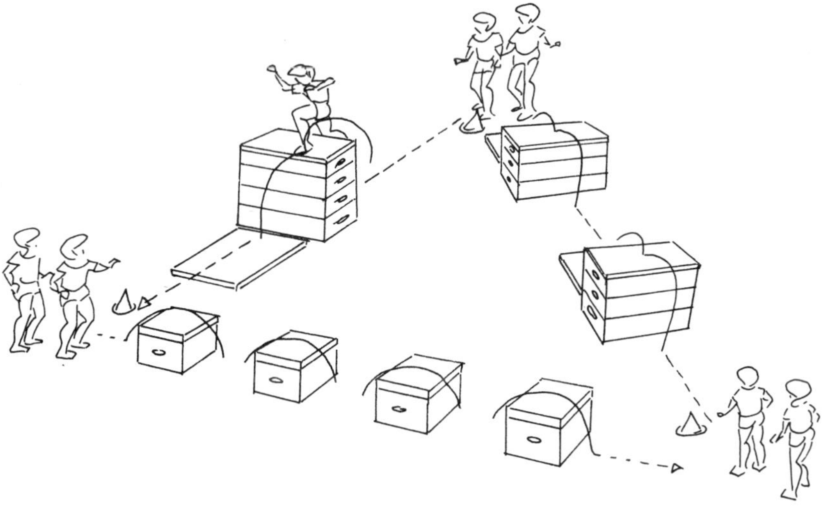

Wettspiele

Die klar definierten Aufgabenstellungen bei rhythmischen Sprungfolgen, bei Übersprüngen und Aufsprüngen mit ihren zum Teil großen Aufbauten können häufig direkt oder durch kleine Veränderungen für Wettspiele genutzt werden. Stehen nicht allgemeine Sprunganforderungen, sondern die Verbesserung von Sprunggewandtheit und Sprungkraft im Mittelpunkt, muß bei der Organisation von Streckenlänge und Gruppengröße besonders darauf geachtet werden, daß die Beanspruchungen relativ kurz, die Pausen aber relativ lang sind, damit die Wettspieler bei jedem neuen Einsatz wieder voll bei Kräften sind. Darüber hinaus gehören nur solche Sprungformen in ein Wettspielprogramm, die von allen Beteiligten zumindest in der Grobform beherrscht werden.

"Reitturnier"

Mit Hilfe von Bananenkartons wird ein Parcours mit den für das Reiten typischen Hindernissen gebaut: Zweifache/Dreifache Kombination, Oxer, Wassergraben, Hochweitsprung usw.. Jede Mannschaft besetzt eine Ecke des Vierecks, und jeder Läufer legt bei jedem Durchgang eine ganze Runde zurück. Eine Möglichkeit, um die Belastung jedes einzelnen Durchgangs zu reduzieren, besteht darin, die Mitglieder jeder Mannschaft an allen Ecken zu verteilen und jeden einzelnen immer nur eine Seitenlänge absolvieren zu lassen.

Das "Reitturnier" geht organisch aus dem Übungsprozeß hervor, wenn mit vier verschiedenen Gruppen, die später die Mannschaften bilden, mit Durchwechseln die verschiedenen Sprungaufgaben an jeder Seite eine Weile geübt wurden.

Pendelstaffel

Mit den meisten Sprung-Übungsgeräten können Hindernisstrecken unterschiedlicher Art und unterschiedlichen Schwierigkeitsgrades eingerichtet werden. Draußen auf dem Platz bieten die Bananenkartons dafür die besten Möglichkeiten. Jeder Übungsprozeß kann motivierend mit einem Wettspiel abgeschlossen werden. Jede Mannschaft besetzt eine Hindernisstrecke, die Mannschaftsmitglieder werden an beiden Seiten verteilt.

Am einfachsten sind Strecken mit gleichen Hindernissen. Eine gewisse Anpassungsfähigkeit verlangen alle Aufgabenstellungen, bei denen die zu bewältigenden Höhen variieren, und ganz besonders reizvoll wird es, wenn die Hindernisse von Sprung zu Sprung allmählich größer werden.

hin über die Hindernisstrecke,
flach zurück

Nummernspringen

Jede Mannschaft besitzt eine Hindernisreihe. Die Hindernisse sind numeriert und die Übenden an ihnen mit gleicher Nummer verteilt. Wer aufge-

rufen wird, muß einmal alle Hindernisse überspringen. Er startet nach vorne über die Hindernisse, die vor ihm stehen, sprintet dann flach nach hinten und absolviert die noch fehlenden Hindernisse bis zum eigenen Platz.

Die Aufgabe kann auch so durchgeführt werden, daß nach vorne gesprintet und nach hinten die vollständige Hindernisreihe absolviert wird.

Eine Variation ist die Durchführung in Paaren, die ihre Aufgabe mit Handfassung absolvieren müssen.

Verfolgungsrennen

Beim Verfolgungsrennen starten die Mannschaften an verschiedenen Stellen einer Doppelbahn. Jede versucht, die andere einzuholen, was gelungen ist, wenn man einen Teilnehmer der anderen Mannschaft

berührt. Je nach Länge der Strecke können ihre Mitglieder an den verschiedenen Startplätzen verteilt werden oder auch nur einen Platz besetzen.

Eine Hindernisstrecke aufbauen

Jede Mannschaft besitzt einen Stapel Kartons und eine Strecke, die mit Markierungen vorbereitet ist. Die Aufgabe besteht darin, die Hindernis-

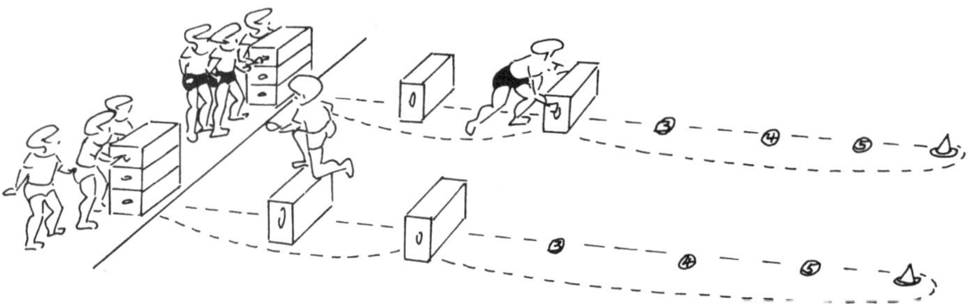

strecke Karton um Karton an den Markierungen aufzubauen. Wer einen Karton nach vorne getragen hat, umläuft jeweils das Ende der Strecke und legt den Rückweg über die Hindernisse zurück.

Die Aufgabenstellung läßt eine Reihe reizvoller Variationen zu. Eine große ist, die Hindernisstrecke Karton um Karton aufbauen, sie dann von jedem einmal vollständig überwinden zu lassen und sie abschließend wieder Karton um Karton abzubauen.

Die Aufgabenstellung kann aber auch von den Teilnehmern selbst als lebende Hindernisse erfüllt werden. Der nächste startet immer dann, wenn der vorherige seine Markierung berührt und dieses durch Zuruf ("Los!") deutlich mitteilt.

Sprinten und Springen

Für diese Aufgabenstellung gibt es die unterschiedlichsten Aufbauten. Bei der ersten wird in angemessener Entfernung von einer Startlinie um ein Viereck herum eine Hindernisstrecke aufgebaut, die in festem Umlaufsinn bewältigt werden muß. Hin- und Rückweg erfolgen jeweils im Sprint.

Die organisatorische Gestaltung kann jedoch auch mit einer Pendelstrecke gelöst werden, bei der ein Weg über die Hindernisse und einer im Sprint zurückgelegt werden muß. Interessante Variationen bieten aber auch die Organisationen im Stern, Dreieck oder im Viereck.

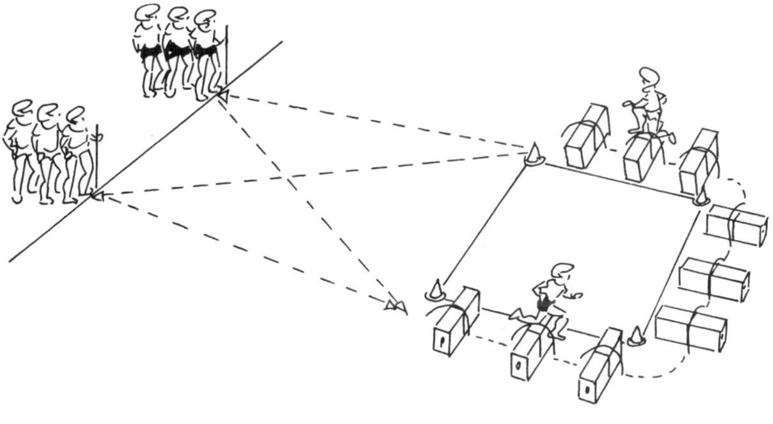

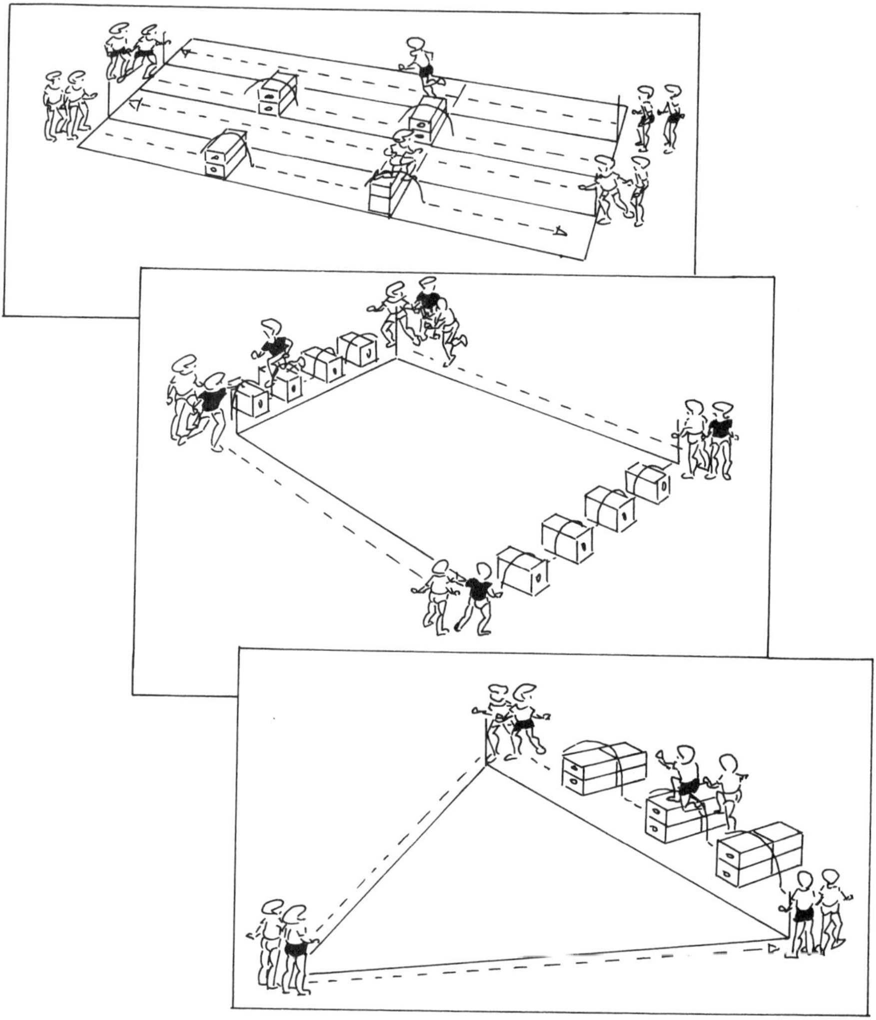

Aufsprungstaffel

Auch Aufsprungübungen können reizvoll mit Wettspielen abgeschlossen werden. Einfache Möglichkeiten sind Pendel- und Umlaufstaffeln.

Rundenstaffel

Bewegliche Hindernisse können problemlos zu großen Runden zusam-

mengestellt werden. Je nach ihrer Größe werden die Mannschaftsmitglieder an einer, zwei oder mehreren Stellen des Rundkurses verteilt, damit die Einzelbelastungen in angemessenen Grenzen gehalten werden. Bei Verwendung von Bananenkartons kann die Größe der Hindernisse dem Leistungsstand und der Zielsetzung entsprechend beliebig variiert werden.

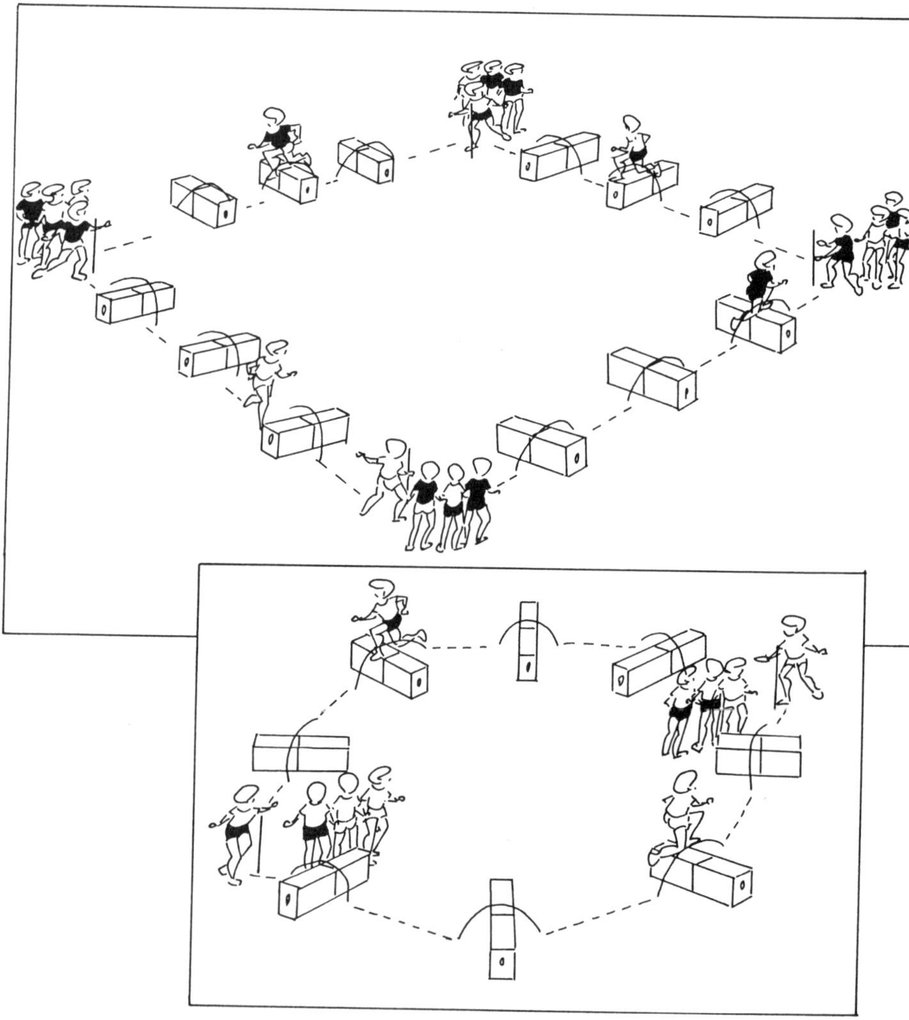

Treibspringen

Zwei Mannschaften treten gegeneinander an. Die eine springt mit einem Mehrfachsprung mit vorgeschriebener Sprungart immer in die eine Richtung, die andere in genau die entgegengesetzte. Die Landestellen der einen Mannschaft sind die Absprungstellen der anderen. Jeder Springer hat eine feste Anzahl von Einsätzen. Ziel ist es, die andere Mannschaft vom Platz zu treiben. Für den nächsten Durchgang wird eine andere Sprungart gewählt.

Springen und Sprinten am Stern

Die Hindernisse sind sternförmig aufgebaut und die Mitglieder jeder Mannschaft am Ende der Strahlen verteilt. Jeder hat zum Mittelpunkt des Sterns zunächst eine Hindernisstrecke und dann bis zum Ende des nächsten Strahls eine Sprintstrecke zurückzulegen. Jede Mannschaft beginnt an einem anderen Strahl. Dort wo sie beginnt, muß sie mehr als ein Mitglied haben, damit das Kontinuum garantiert ist.

Weitspringen

Weitspringen ist dann interessant, wenn weite Flüge erlebt werden. Das gelingt mit Tiefsprunggruben, bei denen die Absprungstelle höher ist als die Landestelle. Draußen auf dem Platz stehen Tiefsprunggruben nur selten zur Verfügung. Der Eindruck weiter Flüge kann jedoch durch das Überwinden von Hindernissen erweckt werden. Hier leisten die Bananenkartons wieder gute Dienste. Am Beginn der Weitsprunggrube sind sie

ein attraktives Hindernis, das zum Überspringen herausfordert. Für erste Erfahrungen reichen kleine Aufbauten. Vorteil der Bananenkartons ist, daß die Anforderungen dann allmählich gesteigert werden können und daß auch Differenzierungen überhaupt keine Probleme machen.

Einen rhythmischen Charakter erhält die Aufgabenstellung, wenn vor der Weitsprunggrube eine Hindernisreihe aufgebaut wird. Im Abstand von 2,50 - 3,00 m aufgebaut, wird zwischen den Hindernissen immer genau

ein Schritt ausgeführt ("Einer"); der Weitsprung steht erst am Ende der rhythmischen Reihe. Diese Aufgabenstellung kann mit Musik sehr beschwingt gestaltet werden. Das gilt auch für das daraus entwickelte

Gruppenspringen, bei dem die rhythmische Reihe zu zweit, zu dritt oder auch zu viert nebeneinander überwunden wird. Zur besseren Abstimmung geben sich die Übenden die Hand, lediglich der abschließende Weitsprung erfolgt allein.

Die rhythmischen Gestaltungen vor der Grube können ausgebaut werden. Je nach Leistungsstand können Hindernisse mit zwei oder drei Kartons zusammengestellt werden. Besonders spannend wird die Aufga-

be, wenn die Größe der Hindernisse allmählich gesteigert wird und wenn die Anforderungen innerhalb dieser Steigerung von Durchgang zu Durchgang wachsen.

Eine interessante Variante ist auch bei dieser Aufgabenstellung das Gruppenspringen, z.B. auch mit Steigerung der Gruppengröße von Durchgang zu Durchgang.

Der Grund für die Attraktivität des Überspringens von Hindernissen liegt darin, daß Sprungleistungen dabei sehr anschaulich gemacht werden und dem einzelnen die Möglichkeit gegeben ist, sich mit der erzielten Leistung zu identifizieren. Entgegen der im Weitsprung üblichen Identifikation mit einer Zahl (Sprungweite in Zentimetern) sollte im Anfängerbereich dieses Prinzip der Anschaulichkeit im Vordergrund stehen. Dafür gibt es neben den Kartons eine Reihe anderer Möglichkeiten. Ein interessantes Gerät ist der Fahrradreifen, der, in die Grube gelegt, ein attraktives Zielfeld darstellt und zum Zielsprung herausfordert. Die Sprung-

entfernungen können ganz individuell eingerichtet und ebenso Stück für Stück gesteigert werden. Die Aufgabe kann auch so gestellt werden, daß zwei oder drei Übende mit einem Zielreifen einen kleinen Wettbewerb austragen.

Miteinander verbundene Fahrradreifen können wie ein Band schräg gelegt werden. Die Aufgabe, in den Reifen zu springen, wird so von Station zu Station immer schwieriger.

Mit mehreren hintereinander liegenden und miteinander verbundenen Reifen kann die Auseinandersetzung ebenfalls differenziert gestaltet werden. Werden die verschiedenen Zielfelder mit verschiedenen Punkten versehen, kann daraus ein interessanter Wettbewerb entstehen.

Schließlich führt auch die Kombination von Bananenkartons und Fahrradreifen zu reizvollen Aufgabenstellungen.

Eine anschauliche Herausforderung für den Weitsprung ist auch der Graben, der z.B. durch ein in der Sandgrube gespanntes Band eingerichtet wird. Besonders geeignet sind dafür das deutlich sichtbare Baustellenband oder das Reivo-Band.

Eine reizvolle Aufgabe besteht darin, einen Graben aus von Station zu Station immer kürzer werdendem Anlauf zu überspringen, eine andere,

bei freier Anlaufgestaltung einen immer breiteren Graben zu überspringen. Wenn das Band allmählich immer weiter nach hinten wandert, kann

jeder Übende sein Maximum herausfordern und sich dann noch einmal an einer Steigerung versuchen. Auch an einem schräg gespannten Band kann jeder Übende sein Maximum bestimmen. Es eignet sich aber auch sehr gut für eine angemessene Differenzierung.

Mit zwei höher gespannten Bändern wird ein Hochweitsprung herausgefordert. Durch schräg auseinanderlaufende Bänder und/oder durch unter-

schiedliche Höhen an den beiden Rändern können auch bei dieser Aufgabenstellung Steigerungen und Differenzierungen eingerichtet werden.

In der Halle stehen im Gegensatz zum Platz viele Geräte zur Verfügung, um Tiefsprunggruben und damit attraktive Flugerlebnisse zu gestalten. Gut geeignet ist die Kastentreppe, die in unterschiedlicher Weise mit längs- oder querstehenden Kästen aufgebaut werden kann.

Das Springen von oben herunter bedarf allerdings der Gewöhnung. Die Kastentreppe muß allmählich wachsen. Am Anfang besteht sie nur aus

zwei Stufen. Nach ersten Erfahrungen kann sie dann auf drei und sogar vier Stufen erweitert werden. Stehen die Kästen in Längsrichtung hintereinander, kann mit je einem Schritt auf jedem Kasten zum Absprung hochgelaufen oder aber jeder Kasten nur einmal betreten werden. Ersteres bietet sich für die Kleinen und für die Anfänger an, letzteres für die Fortgeschrittenen. Der Weitsprung erfolgt in eine Niedersprungmatte, in eine Hochsprungmatte oder in einen Weichboden. Bei Verwendung eines Weichbodens muß der Landebereich aus Sicherheitsgründen noch zusätzlich mit einer Matte abgesichert werden.

Auch bei quergestellten Kästen wird mit zwei Stufen begonnen. Im Gegensatz zur Längstreppe entstehen hier Lücken zwischen den Kästen, die der besonderen Aufmerksamkeit, aber auch der besonderen Gewöhnung bedürfen. Die Anzahl der Stufen wird dann allmählich ausge-

baut und auf diese Weise das Flugerlebnis erhöht. Vorteil dieses Aufbaus ist die Möglichkeit, die Abstände zwischen den Kästen der Schrittlänge der Übenden anzupassen.

Durch eine Leine kann der Anreiz der Aufgabenstellung noch ein bißchen erhöht werden. Wenn sie von zwei Helfern gehalten wird, sind dem Leistungsstand der Übenden entsprechende differenzierte Herausforderungen möglich. Interessant sind auch Zielsprünge in einen im Landebe-

reich plazierten Fahrradreifen. Bei deutlichen Leistungsunterschieden wird auch bei dieser Aufgabenstellung mit zwei oder sogar drei hintereinanderliegenden Reifen für jeden eine angemessene Aufgabe gestellt.

Bei einer Kastentreppe mit querstehenden Geräten ist das Paarspringen eine interessante Variante. Es kann mit oder ohne Handfassung erfolgen, oder es wird mit Handfassung hochgelaufen und dann getrennt gesprungen.

Wenn zwei Anlagen in entgegengesetzter Richtung aufeinanderzulaufen, wird die Aufgabenstellung, den Anlauf jeweils so aufeinander abzustimmen, daß man in der Luft aneinander vorbeifliegt, erfahrungsgemäß begeistert aufgenommen.

Eine in der Höhe reduzierte Treppe aus einem Kastenoberteil und einem kleinen Kasten gestattet noch angemessene Flugerlebnisse, fordert aber die Sprungkraft schon deutlich mehr heraus. Die Aufgabenstellung kann

durch die Organisation der Geräte vielfältig variiert werden. Interessante Raumwege sind das Üben im Kreis oder im Strom. Wenn die Geräte direkt nebeneinander, jedoch in entgegengesetzter Richtung stehen, können immer zwei Übende versuchen, ihren Anlauf so aufeinander abzustimmen, daß sie in der Luft aneinander vorbeifliegen.

Bei parallel zueinander aufgebauten Anlagen ist das Gruppenspringen eine interessante Variante, bei dem die Aufgabe je nach Anzahl der Geräte zu zweit, zu dritt und sogar zu viert durchgeführt wird. Mit vorge-

stellten Bananenkartons wird daraus ein rhythmisches Erlebnis, das mit dem Einsatz von Musik (Laufmusik) entsprechend unterstützt werden kann.

Eine deutliche Herausforderung gelingt durch Hindernisse zwischen Absprung und Landung, die den Weitsprung zum Hochweitsprung machen. Als Hindernis eignet sich alles, was zum Springen ermutigt, nicht aber das, was Angst erzeugt. Ein dafür in vielfältiger Weise einsetzbares Gerät ist die Bodenmatte. Einigermaßen stabile Matten können in Längsrichtung zwischen zwei kleine Kästen geklemmt werden.

Richtig schwierig wird diese Aufgabe, wenn ganz auf die Kastentreppe verzichtet wird. Bei nebeneinander aufgebauten Anlagen kann immer ein kleiner Kasten für zwei Anlagen genutzt werden. An den Anlagen wird von der gleichen Seite oder im Strom von verschiedenen Seiten geübt.

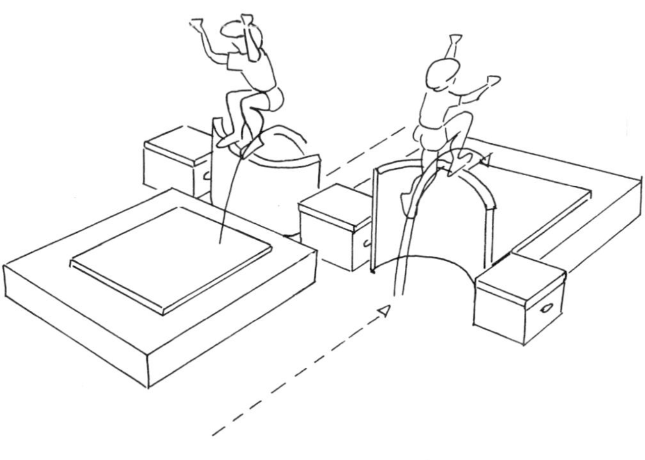

Bei beiden Vorgehensweisen ist es wieder möglich, daß die Übenden sich auf ein gleichzeitiges Springen verständigen. Mit vorangestellten

kleinen Hindernissen wird das rhythmische Element stärker betont. Diese Aufgabenstellung kann wieder mit Laufmusik unterstützt werden.

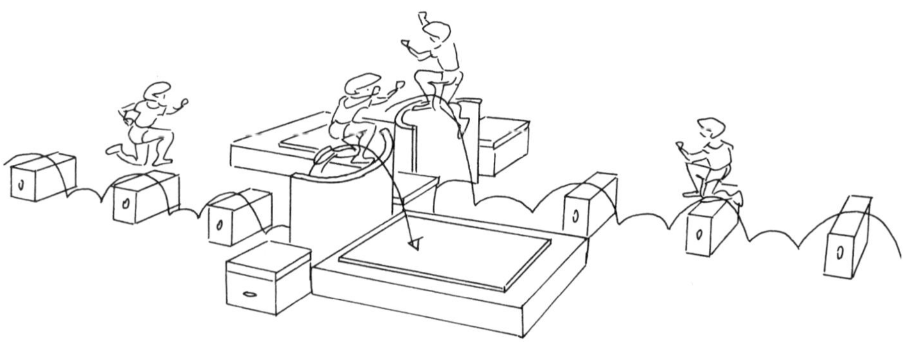

Andere reizvolle Möglichkeiten der Verwendung von Bodenmatten bestehen darin, Mattenhügel zu bauen und diese zu überspringen. Die zunächst flach und dann Matte um Matte höher eingerichteten Mattenhügel

stellen immer neue Herausforderungen dar. Weite Flüge gelingen mit der Kastentreppe. Wenn diese als Absprungstelle weggelassen wird, ist die Sprungkraft auf eine echte Probe gestellt. Wer es nicht schafft, kann ohne Probleme auf dem Mattenhügel landen. Bei mehreren Anlagen gestatten unterschiedlich hohe Mattenlagen eine dem Leistungsstand der Übenden entsprechende Differenzierung.

Vorangestellte kleine Hindernisse erweitern die Aufgabe um ein rhythmisches Element. Für eine Gestaltung der Raumwege sind die Langbänke wertvolle Hilfsmittel.

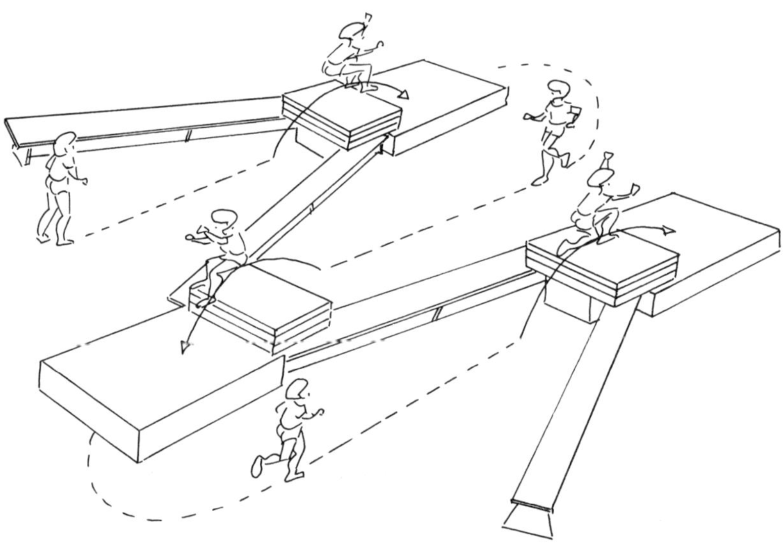

Eine weitere Herausforderung für weite Sprünge bieten Mattenbögen. Die Matten werden dafür in ihrer Längsrichtung an den Schlaufen mit vorbereiteten Drahthaken oder Seilen zusammengezogen. Die Aufgabenstellung kann durch allmähliche Erhöhung der Anzahl der Mattenbögen

sehr spannend gestaltet werden. Unterschiedlich viele Mattenbögen an verschiedenen Anlagen bieten aber auch ausgezeichnete Möglichkeiten der Differenzierung bei unterschiedlicher Leistungsfähigkeit der Übenden.

Mit den in der Halle vorhandenen Geräten können in fast beliebiger Weise verschiedene Sprungarten miteinander kombiniert werden. Ein querstehender Kasten und eine Kastentreppe verbinden Aufsprung und

Weitsprung miteinander. Wird auf die Kastentreppe verzichtet, wird der Weitsprung direkt nach dem Aufsprung ausgeführt. Dabei kann es auch richtig anstrengend werden, d.h. auf angemessene Pausen zwischen den Einsätzen ist unbedingt zu achten.

Vorangestellte kleine Hindernisse verbinden das rhythmische Überspringen mit dem Weitsprung und auch hier kann die Kastentreppe weggelassen werden, so daß der abschließende Weitsprung direkt nach dem Aufsprung erfolgt.

Dreispringen

Das Dreispringen kann ausgezeichnet aus dem rhythmischen Mehrfachspringen entwickelt werden. In der Halle eignen sich dafür Matten, die allmählich immer weiter auseinander gelegt werden können, so daß immer breitere Gräben entstehen. Nach Hinksprüngen mit rechts und mit

links und Schrittsprüngen wird mit der Sprungfolge rechts-rechts-links-links-rechts-rechts und umgekehrt die rhythmische Grundlage des Dreisprungs erarbeitet. Alle diese rhythmischen Sprungfolgen können hervorragend mit Musik (Sprungmusik mit 100 bis 120 Schlägen pro Minute) unterstützt werden.

Draußen auf dem Platz sind die Fahrradreifen geeignete Hilfsmittel. Auch sie werden zunächst eng und dann allmählich weiter auseinander gelegt.

Reizvoll anschaulich kann der rhythmische Beinwechsel rechts-rechts-links-links-rechts-rechts mit verschieden farbigen Reifen erarbeitet werden: grüner Reifen bedeutet rechtes Bein, roter Reifen bedeutet linkes Bein und umgekehrt. Dafür werden die Reifen angestrichen, oder es werden Mannschaftsbänder oder Reivo-Plättchen in entsprechender Farbe in ihnen ausgelegt.

Für die Hervorhebung einzelner Sprünge im erarbeiteten Rhythmus sind die Bananenkartons eine ausgezeichnete Hilfe. Durch Einlegen zwischen die Reifen können die Hinksprünge ("hopp"), die Schrittsprünge ("step") oder jeder Sprung innerhalb der Sprungfolge betont werden.

Um die rhythmische Gestalt weiter zu festigen, steht nicht der Dreisprung, sondern der Fünfsprung am Anfang: links-links-rechts-rechts-links-beide oder und umgekehrt. Damit der Übende lernt, seine Kräfte gleichmäßig einzuteilen und sich nicht durch zu weite Sprünge zu überfordern, werden die Fahrradreifen weiterhin zur Orientierung eingesetzt. Der letzte Sprung ("jump") kann durch einen Absprunghügel besonders betont werden.

Mit Bananenkartons gelingt es wieder, einzelne Sprünge des Fünfsprungs besonders herauszufordern. Das sind mal die Hinksprünge ("hopp"), mal die Schrittsprünge ("step"), und es ist mal der letzte Sprung ("jump"), es können aber auch alle Sprünge berücksichtigt werden.

Der Dreisprung steht erst am Ende dieser vielfältigen rhythmischen Erfahrungen. Der Umweg ist notwendig, weil über ihn auch die koordinative Komponente der Sprungkraft aufgebaut wird. Damit die Übenden lernen, ihre Kraft gleichmäßig zu verteilen und sich vor allem nicht schon

beim ersten Sprung zu überfordern, werden die Abstände auch weiterhin durch Fahrradreifen zwingend vorgegeben. Für die Betonung einzelner Sprünge bleiben die Bananenkartons wichtige Hilfsmittel.

Am Ende steht das freie Springen, bei dem nur noch die Absprungstelle und Anlauflänge vorgegeben sind. Mit einem Fahrradreifen kann jeder Springer die Entfernung für einen Zielsprung individuell einrichten. All-

mählich größer werdende Distanzen fordern zur Erprobung der Leistungsfähigkeit heraus, und von Station zu Station wächst die Spannung: "Mal sehen, ob ich das auch noch schaffe?" Die dafür notwendigen

Differenzierungen können durch allmählich nach hinten verlegte Absprungstellen, durch eine schräge "Reifen-Leine" oder durch eine allmählich wachsende Kartonreihe für den letzten Sprung eingerichtet werden.

Mit mehreren hintereinander liegenden und miteinander verbundenen Reifen kann die Auseinandersetzung ebenfalls differenziert gestaltet werden. Werden die verschiedenen Zielfelder mit verschiedenen Punkten versehen (auch Reifen mit unterschiedlichen Farben), kann daraus ein interessanter Wettbewerb entstehen.

Hochspringen

Hochspringen ist innerhalb der Spielleichtathletik kein technisches Problem. Es geht vielmehr darum, vielfältige Bewegungserfahrungen zu sammeln. Sie sind Voraussetzung und auch Ergänzung des methodischen Vorgehens.

Am Anfang stehen zwei Sprungarten, die auch dann ausgeführt werden können, wenn keine Hochsprungmatte zur Verfügung steht: Hochsprung aus dem frontalen Anlauf und Schersprung aus dem seitlichen Anlauf. Auf dem Platz reicht eine gut umgegrabene Grube, in der Halle können mit Weichböden oder der Kombination von Langbänken und Weichböden angemessen weiche Aufsprunganlagen hergestellt werden.

Mit einer Absprungtreppe gelingt es bei Anfängern, die noch über wenig Sprungkraft verfügen, die Flugbahn und damit das Flugerlebnis erheblich zu vergrößern. Der in den letzten Schritten nach oben gerichtete Anlauf wird mit einem frontalen Hochsprung abgeschlossen. Die Aufgabe wird allein und auch mit Paaren synchron ausgeführt.

Vorgestellte kleine Hindernisse erweitern die Aufgabe zu einem rhythmischen Erlebnis. Allein oder in Paaren ausgeführt, kann sie mit Laufmusik ausgeführt noch eine weitere Unterstützung erfahren.

Ohne Kastentreppe ist die Sprungkraft die entscheidende Größe für das Flugerlebnis beim frontalen Hochsprung. Eingebunden in eine rhythmische Reihe und mit Unterstützung von Musik wird der abschließende höhere Sprung gut vorbereitet.

Noch besser ist die Vorbereitung, wenn auch die vorangestellten Hindernisse allmählich wachsen, so daß der abschließende Hochsprung die letzte Stufe einer rhythmischen Steigerung ist.

Alle rhythmischen Formen machen auch dann viel Spaß, wenn sie in Paaren oder größeren Gruppen durchgeführt werden. Auch die Musik hat hier eine große Bedeutung.

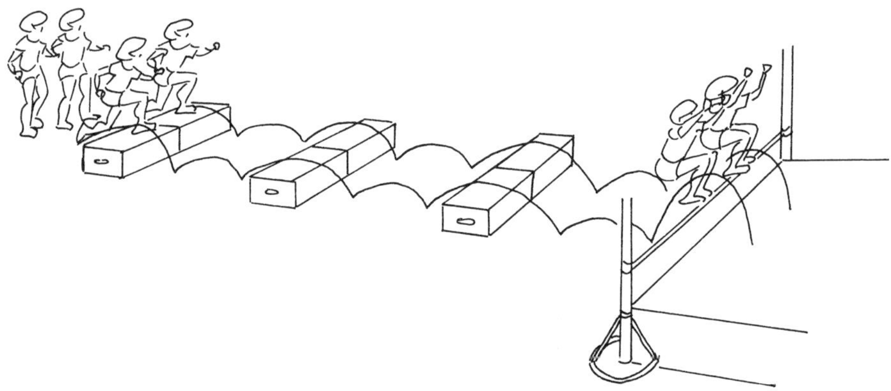

Erste Erfahrungen mit dem Schersprung sammeln wir an einer rhythmischen Reihe aus Bananenkartons. Diese werden in Art einer seitwärts und nach vorne wachsenden Treppe aufgestellt.

In der Organisationsform eines Kreuzes gelingt das rhythmische Üben nur, wenn das Einfädeln gelingt. Dieses stellt sich als gestalterische Aufgabe. Auf Hin- und Rückweg wird jeweils mit dem anderen Bein abgesprungen.

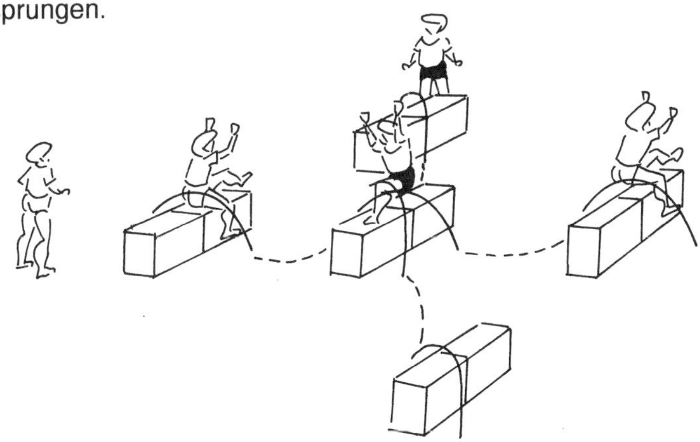

Die Bananenkartons können zu unterschiedlichen Sprunghindernissen zusammengestellt werden. Sehr herausfordernd wird es, wenn die Hindernisse allmählich größer werden.

An der Hochsprungtreppe sorgt eine Absprungtreppe bei noch nicht so sehr entwickelter Sprungkraft für einen hohen Flug und ein entsprechendes Flugerlebnis.

Durch vorangestellte kleine Hindernisse, die beim seitlichen Anlauf zur Hochsprunganlage übersprungen werden, wird die Aufgabe in ein rhythmisches Erlebnis eingebunden, das mit Musik noch entsprechend unterstützt werden kann.

Ohne Absprungtreppe hängt das Gelingen allein von der Sprungkraft ab. Die rhythmische Vorbereitung erleichtert die abschließende Aufgabe, die Leine mit einem Schersprung zu überwinden.

Eine gute vorbereitende rhythmische Aufgabe ist das Überspringen von treppenförmig vorangestellten Bananenkartons, die ebenfalls mit Schersprüngen übersprungen werden. Eine entsprechende Organisation auch auf der anderen Seite führt zum beidseitigen rhythmischen Üben.

Besonders herausfordernd wird die Aufgabenstellung, wenn die Hindernisse allmählich wachsen, so daß der abschließende Sprung an der Hochsprunganlage die letzte Steigerungsstufe darstellt.

Mit einer schräggespannten Leine können an einer Anlage verschieden hohe Bereiche eingerichtet und mit einem angehängten Band verschieden farbigen Abschnitten kenntlich gemacht werden. Wenn die niedrigste Höhe so eingestellt wird, daß jeder sie schafft, ist die Auseinandersetzung mit den höheren Stufen eine interessante Aufgabenstellung.

In gleicher Weise kann auch der Schersprung allmählich gesteigert oder an der gleichen Anlage eine angemessene Differenzierung eingerichtet werden.

Drei Ablaufstellen stellen drei verschiedene Aufgaben: Schersprung mit rechts, Frontalsprung, Schersprung mit links. Das "Mal sehen, ob ich alle drei schaffe?" ist eine interessante Herausforderung.

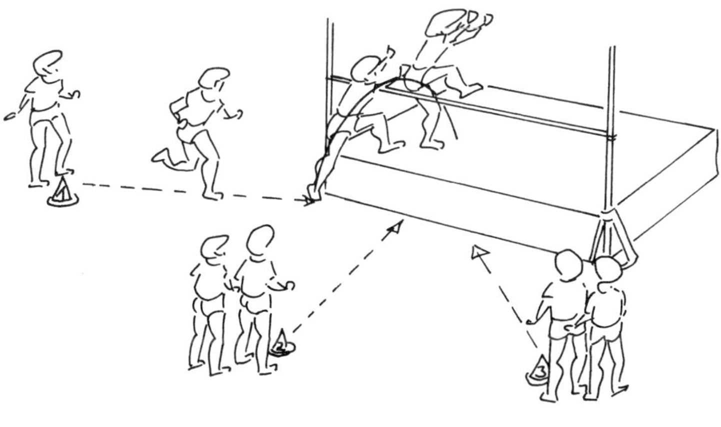

Besonders interessant ist auch der Sprung zu zweit. Je zwei Übende stimmen sich so ab, daß sie den Sprung gleichzeitig ausführen.

Zum besonderen Erlebnis für diejenigen, die noch über wenig Sprungkraft verfügen, wird die Aufgabe, wenn zwei parallel zueinander stehende Absprungtreppen eingerichtet werden.

An einer normalen Sprunggrube können mit Bananenkartons interessante Hochsprungaufbauten eingerichtet werden. Wichtig ist, daß die Grube gut durchgegraben wird. Gleiche oder von Anlage zu Anlage gesteigerte Kartonhindernisse sind interessante Herausforderungen.

Sprunggewandtheit für die Hochsprungtechniken

Während bisher die Vermittlung von Sprungerlebnissen und die Entwicklung der Sprungkraft im Mittelpunkt standen, sollen im letzten Kapitel einige wichtige Formen zur Entwicklung der Sprunggewandtheit dargestellt werden. Sie sind wichtige Voraussetzungen für die späteren methodischen Wege zu den Sprungtechniken, auf deren Darstellung hier verzichtet werden soll. Wichtig bei allen koordinativen Sprüngen ist, daß sie so arrangiert werden, daß sie nicht maximal ausgeführt werden müssen. So bleibt die Aufmerksamkeit der Übenden voll auf die koordinative Aufgabe gerichtet und nicht auf einen besonders großen Krafteinsatz.

Am einfachsten sind die Aufgaben, bei denen sich die Springer nur auf ihre Beine konzentrieren müssen. Sie landen auf dem Schwungbein oder auf dem Sprungbein. Die Aufgaben können über niedrige Hindernisse oder als Aufsprünge auf Weichböden oder Hochsprungmatten ausgeführt

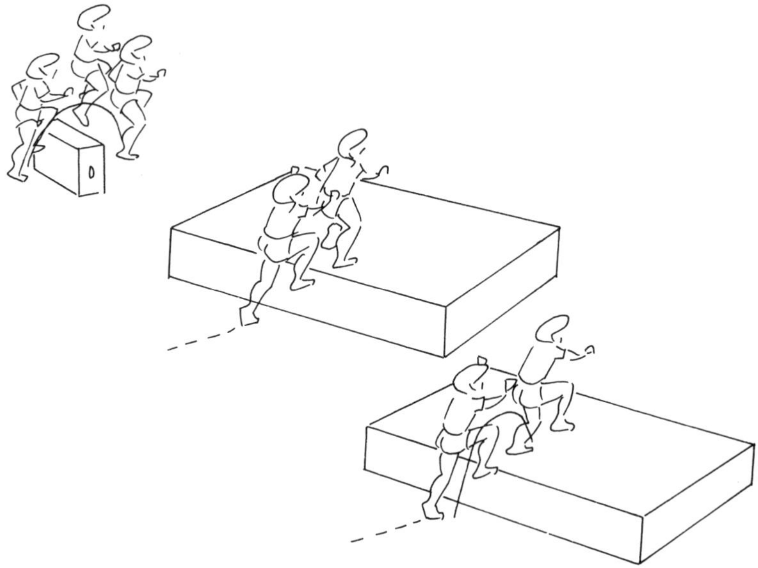

werden. Diese Aufgaben können ausgezeichnet in rhythmische Bewegungsabläufe eingebunden werden, z.B. in der Weise, daß mehrere Kartons in jeweils zwei Schritten Abstand vorangestellt werden und der Übende jedes Hindernis so überwindet, daß er mit dem Sprungbein landet.

Koordinativ anspruchsvoller sind Sprünge mit Drehungen. Bei der halben Drehung landet der Übende auf beiden Beinen oder auf dem Schwungbein. Auch diese Sprünge können über kleine Hindernisse ausgeführt

werden. Schwierig ist der Sprung mit ganzer Drehung, der ebenfalls als Übersprung oder als Aufsprung interessante Bewegungsaufgaben stellt.

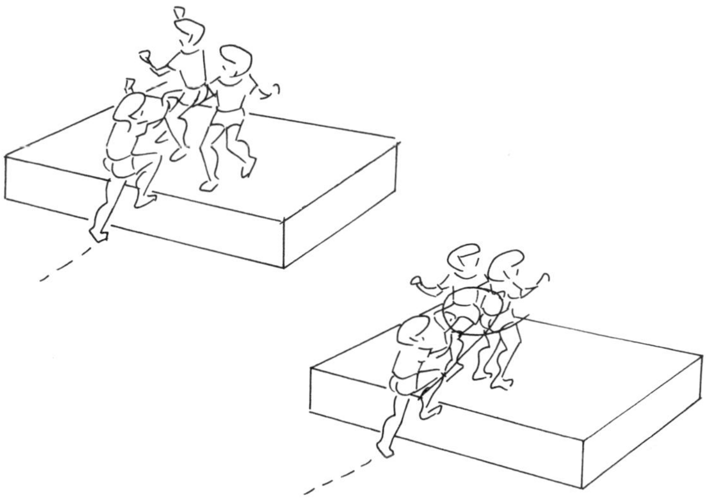

Wenn man den Körper waagerecht in die Luft katapultiert, muß man geschickt landen. Günstig ist die Drei-Punkt-Landung, bei der der Körper mit einem Bein und beiden Händen abgestützt wird. Bei der ersten Variante landet der Übende dabei auf dem Sprungbein. Die Sprungausführungen über niedrige Hindernisse oder auf die Hochsprungmatte vermitteln erste Erfahrungen mit dem Rollsprung, der abschließend auch über eine Leine ausgeführt wird.

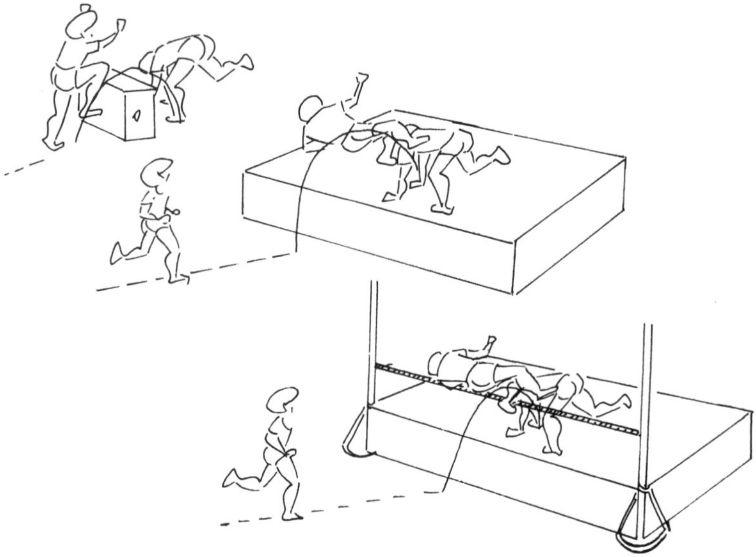

Für den Wälzsprung sind andere Sprungerfahrungen notwendig. Wir beginnen mit dem "Charlie-Chaplin-Sprung", bei dem der Übende eine halbe Drehung ausführt und dann in der "Charlie-Chaplin-Stellung" mit

Blick zur Absprungstelle landet. Beim anschließenden "Fiffi-Sprung" landet er auf einem Bein, das andere hält er seitlich angehoben. Die gleiche Übung wird mit seitlichem Abrollen mit flüchtigem Aufstützen

eines Armes und eines Beines ausgeführt. Nach einigen Sprüngen geht es dann über eine "Schräglatte", die zunächst aus einer weichen Leine besteht (z.B. Reivo-Band).

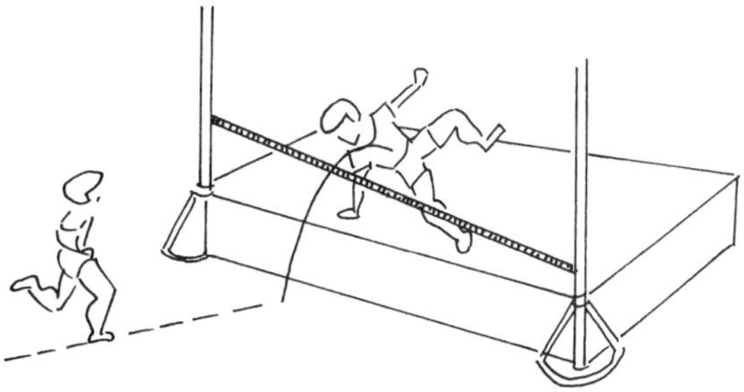

Beim Überwälzen von Hindernissen mit leichtem Aufstützen der Hände kann der Schwerpunkt der Aufmerksamkeit auf die Lattenüberquerung gelegt werden. Bei den Kleinen ist schon der Karton ein angemessenes

Hindernis. Darauf aufbauend werden zunächst flache und dann auch hohe Kästen gewählt.

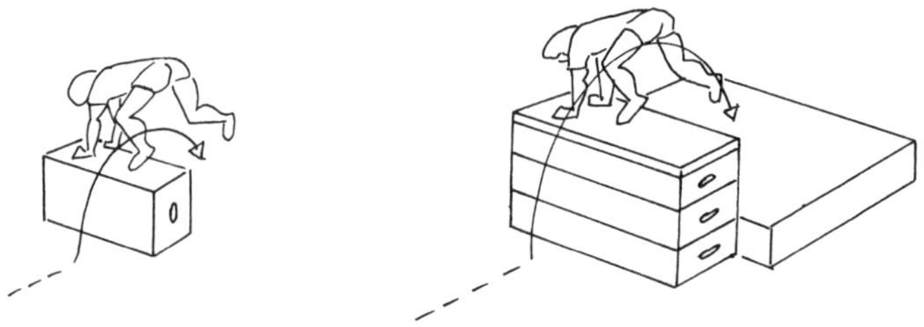

Auch Erfahrungen mit der Rückenlandung, wie sie beim Flop üblich ist, können sehr variantenreich vermittelt werden. In einer ersten Aufgabenstellung springt der Übende in den Strecksitz. Voraussetzung ist eine weiche, hohe Landefläche. Wenn keine Hochsprungmatte zur Verfügung

steht, kann man sich eine vergleichbare Anlage aus zwei übereinanderliegenden Weichböden bauen, die zusätzlich zusammengebunden werden sollten. Möglich ist auch ein auf Bänke, die mit Bodenmatten so ausgelegt werden, so daß keine Ecken mehr herausgucken, aufgelegter Weichboden.

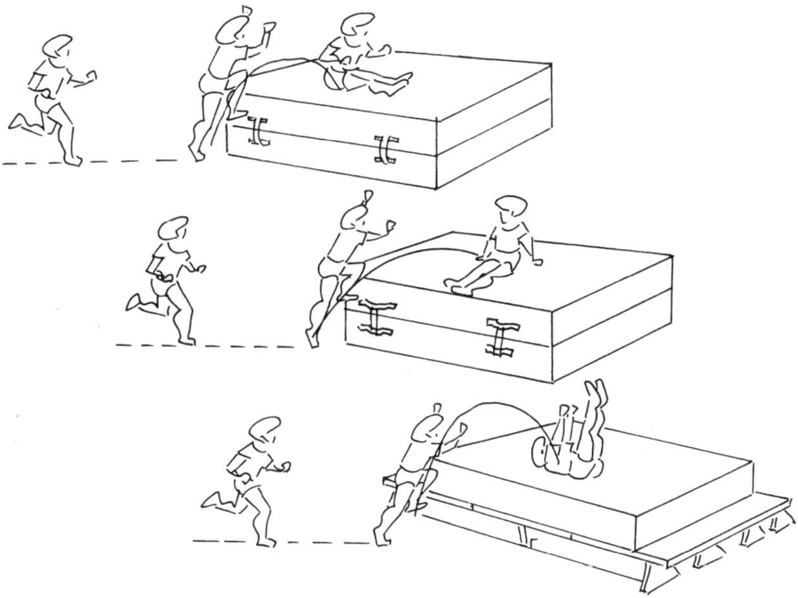

Steigerungen sind der Sprung in den Strecksitz mit halber Drehung und dann der Sprung in die "L-Position", bei der der Übende auf dem Rücken landet, während er die Beine senkrecht nach oben streckt.

Alle Aufgabenstellungen können durch rhythmische Bewegungsaufgaben erweitert werden. Dabei kann der Weg zur Hochsprunganlage geradlinig und auch kreisförmig gestaltet werden.

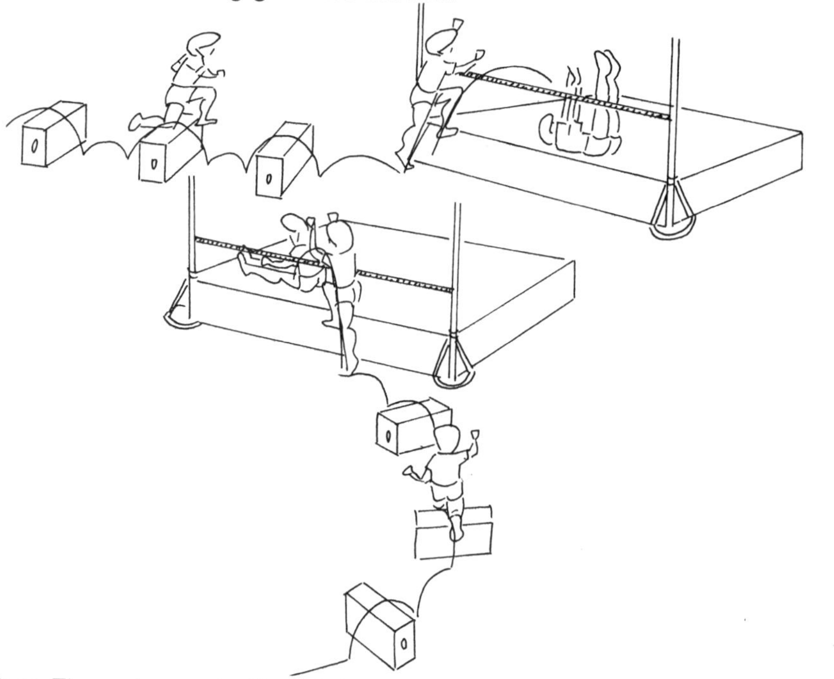

Dem Flop schon sehr ähnlich ist der Sprung mit Landung auf dem Rükken in "L-Position" nach halber Drehung. Zunächst ohne und dann über eine Leine ausgeführt, vermittelt er wichtige koordinative Erfahrungen.

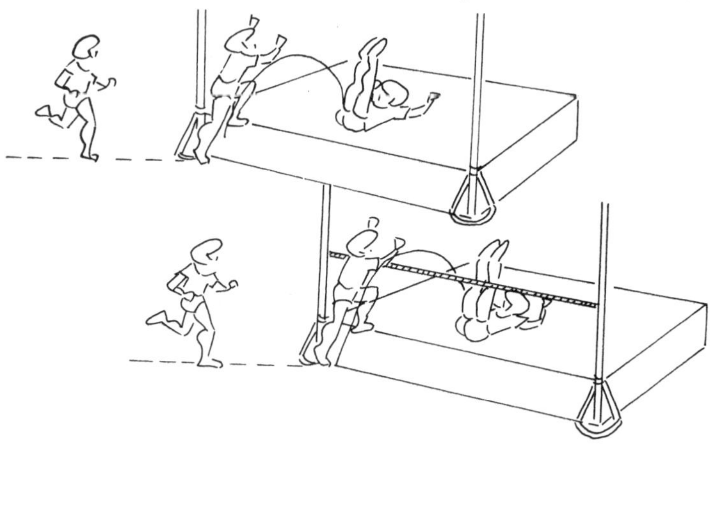

Stabspringen

Wer einmal stabhochspringen will, muß mit dem Stabspringen anfangen. Mit seiner Hilfe gelingt ein dem Ausgangskönnen angepaßter, erlebnisreicher Einstieg in eine schwierige Disziplin. Ein wichtiges Hilfsgerät ist das Tau, das vorbereitend, aber auch ergänzend auf jeder Könnensstufe eingesetzt werden kann.

Am Anfang ist das Tau eine Liane, und der Übende schwingt wie Tarzan durch die Lüfte. Er startet auf einer Bank und läßt sich dann auf einen Weichboden hinabfallen. Nach ersten freien Versuchen sollte man auch auf dieser Stufe schon mal die Aufgabe stellen, den rechten Arm (Rechtshänder) beim Vorschwingen lang zu lassen.

Statt auf einem Weichboden wird jetzt gezielt auf einer Bank gelandet. Der Übende schwingt dann das Seil für den nächsten zurück, oder er schwingt selbst zurück und übergibt das Seil erst dann.

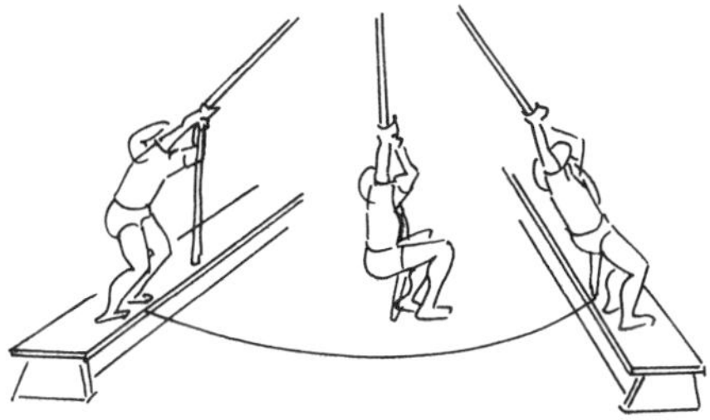

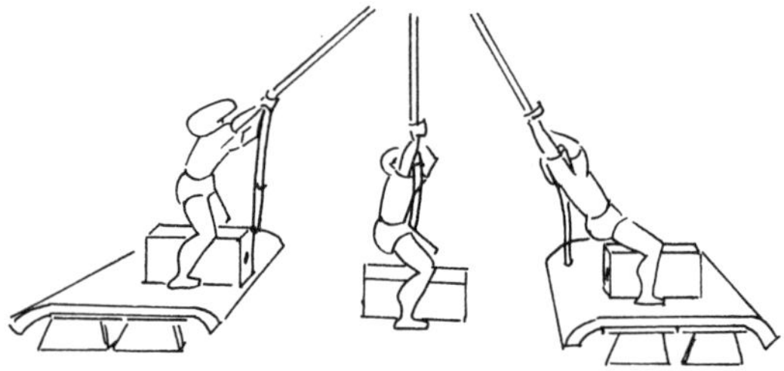

Mit Bänken und Matten können große Landeplätze gebaut werden. Sie eignen sich besonders gut für den Transport von Geräten. Dafür bieten sich Bälle oder Bananenkartons an. Das mitgeführte Gerät wird auf der

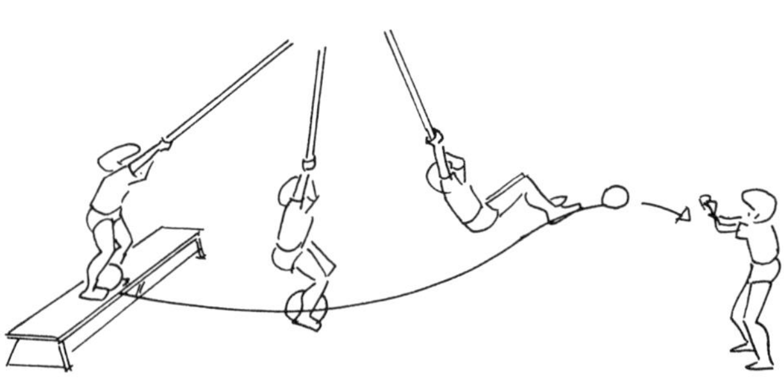

anderen Seite abgelegt oder aber mit einem Beinschwung einem Partner zugeworfen. Besonders interessant ist auch das Treffen von Zielen, die z.B. mit Fahrradreifen auf dem Boden ausgelegt sind.

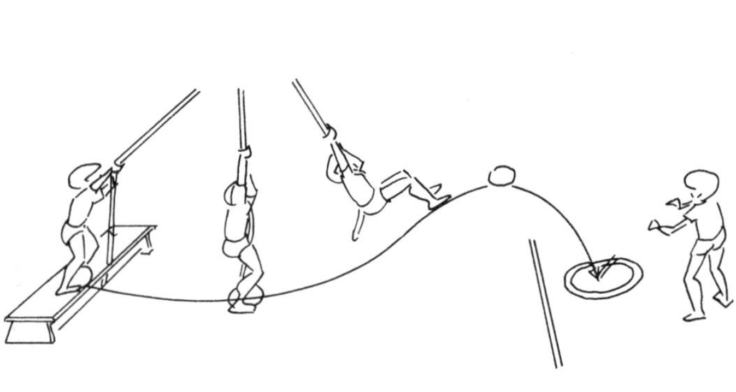

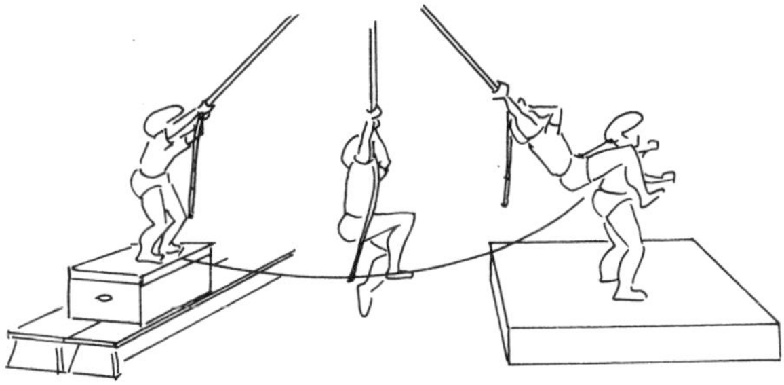

Durch die Erhöhung des Startplatzes wird die Aufgabe noch herausfordernder und reizvoller gestaltet. Auf Bänke aufgestellte kleine Kästen bieten dafür eine spontane Möglichkeit. Am Ende des Vorsprungs erfolgt der Absprung in einen Weichboden oder eine Landung auf einer gleichermaßen gebauten Erhöhung.

Ein stabiler hoher Startplatz ist der große Kasten, der zudem die Möglichkeit bietet, die Aufgabe durch erneute Erhöhungen mit immer wieder

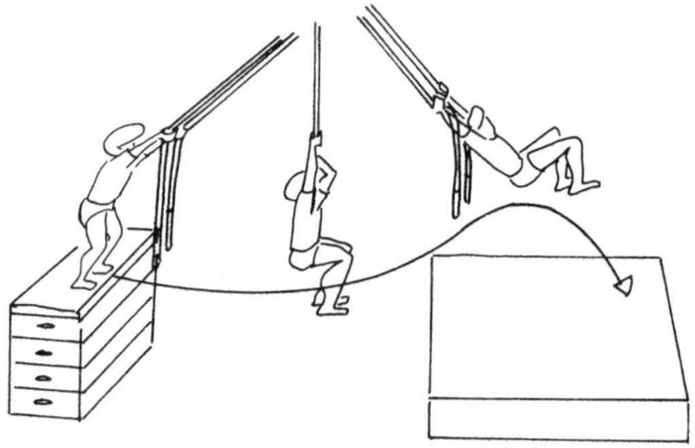

neuem Reiz zu versehen. Die Übungen werden mit einem und auch mit zwei Tauen durchgeführt. Besonders motivierend ist das Abspringen in Ziele (Fahrradreifen) am Ende des Vorschwungs, das bei hohen Geräten auch ein bißchen Mut verlangt.

Schwierig, für die Ausbildung zum Stabhochsprung aber besonders wichtig, ist die Aufgabe, den Vorschwung im Sturzhang auszuführen, bei dem die Beine über die Griffstellen ans Seil gehoben werden. Die ungewohnte Körperposition mit Kopf unten und Beinen oben sollte im Stand schon einmal vorbereitet werden, bevor man sie im Zusammenhang mit

dem Vorschwingen verlangt. Wer es schafft, sollte dann das besondere Augenmerk darauf legen, den rechten Arm (Rechtshänder) während des Schwingens lang zu lassen.

Auch diese Aufgabe kann mit dem Abspringen in ein Ziel am Ende des Vorschwunges verbunden werden. Neben Kraft und Gewandtheit für die Bewegungsausführung wird so auch die Orientierungsfähigkeit besonders angesprochen.

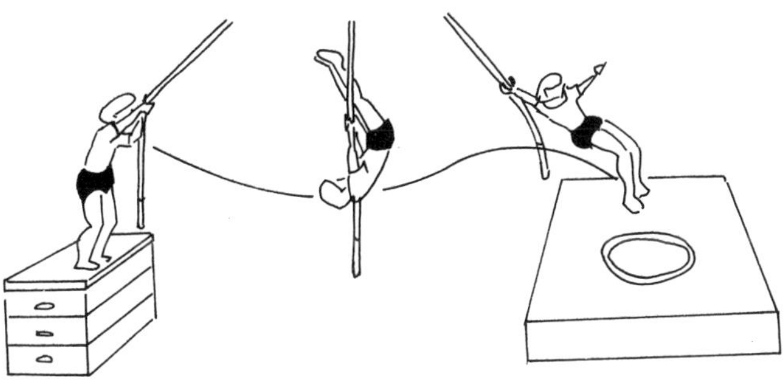

Jetzt wird auch die Landestelle erhöht. Der Übende schwingt von einer Seite zur anderen und auch wieder zurück. Bei jeder erneuten Erhöhung der Kästen wird der Graben ("Schlucht") immer tiefer. Wenn jede Gruppe ein Seil sowie einen Start- und einen Landekasten besetzt, kann fortlaufend hin-und hergeschwungen werden.

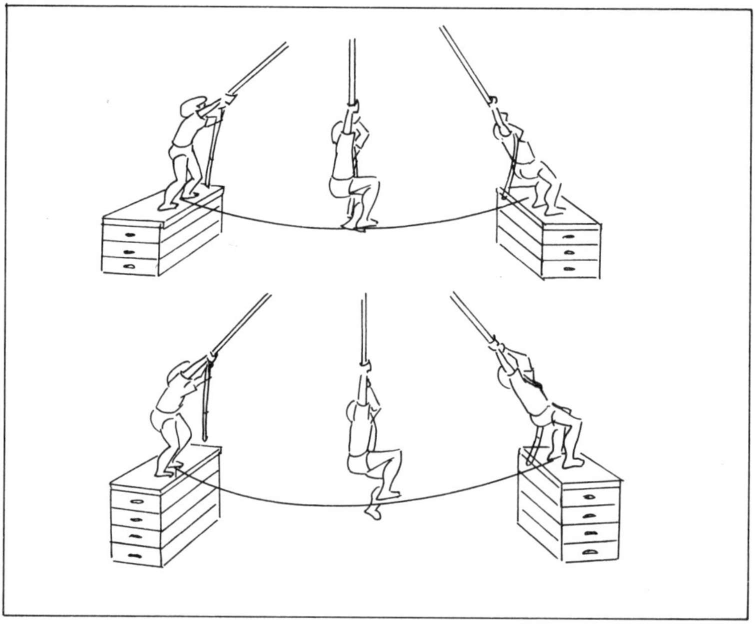

Eine reizvolle Aufgabenstellung ist wieder der Gerätetransport, bei dem Bälle oder Kartons zwischen die Beine geklemmt und beim Schwingen mitgenommen werden.

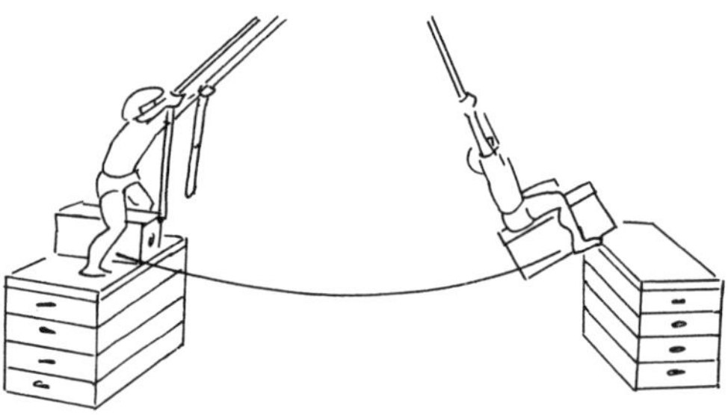

Viel Spaß macht das Gruppenschwingen mit drei Übenden an zwei Tauen. Die Dreiergruppe schwingt geschlossen auf einen gegenüberliegenden Weichboden oder zwischen zwei Landeplätzen hin und her. Je höher diese eingerichtet sind, desto reizvoller ist die Aufgabe.

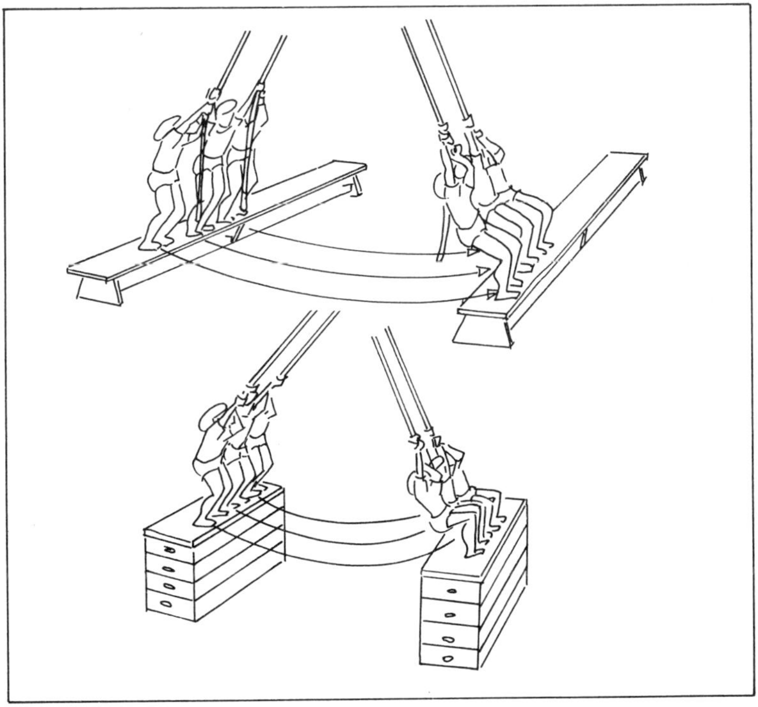

Zur Erweiterung des technischen Vermögens und zur Vorbereitung des Schwingens auf Höhe wird am Ende des Vorschwunges eine halbe Drehung ausgeführt. Mit einem von zwei Helfern gehaltenen Seil wird

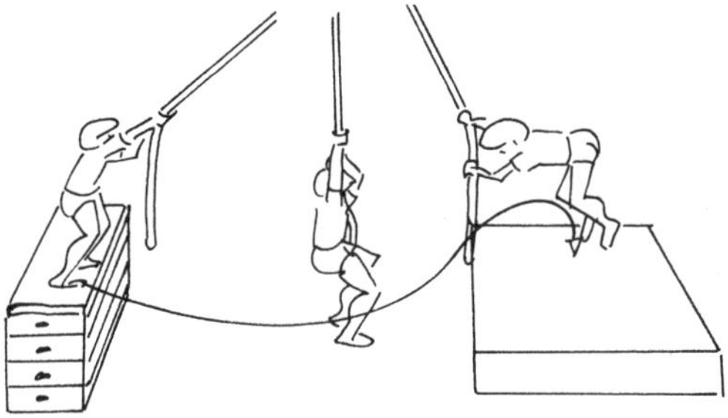

dann eine interessante Hochschwungaufgabe gestellt. Im Fortschreiten des Lernprozesses sind der Sturzhang und der beim Anschwingen gestreckte rechte Arm (Rechtshänder) die wichtigsten Bewegungsdetails.

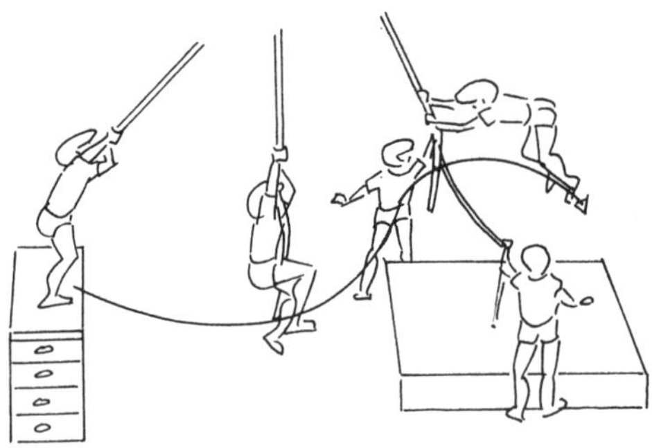

Deutliche Kraftakzente werden beim Schwingen von einem tiefer gelegenen Startplatz zu einer höher gelegenen Landestelle gesetzt. Die mit einem Weichboden nur wenig erhöhte Landestelle stellt noch keine

großen Herausforderungen. Schwieriger und herausfordernder wird es dann, wenn ein weiterer Weichboden obendrauf gelegt wird oder wenn es auf hohe Kästen hinauf geht.

Kästen bieten ausgezeichnete Möglichkeiten der Differenzierung. Das gilt für das Schwingen mit einem Tau genauso wie für das Schwingen mit zwei Tauen.

Bevor aus dem Anlauf vom flachen Boden auf eine hohe Landestelle geschwungen wird, ist es angebracht, erst einmal das Vorhochschwingen aus dem Anlauf vorzubereiten. Der Absprung erfolgt für den Rechtshänder, der mit der rechten Hand oben greift, mit links, der Linkshänder macht es genau umgekehrt. Die Übung macht aber auch mit zwei Tauen viel Spaß.

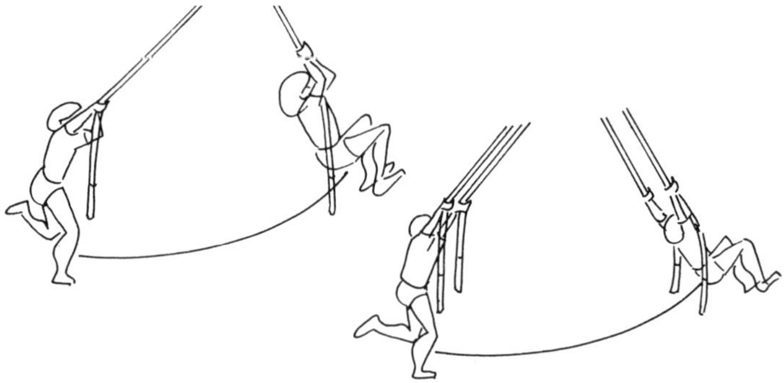

Einen besonderen technischen Schwerpunkt erhält diese Übungsform, wenn sie mit deutlichem Einsatz des Schwungbeines ausgeführt wird. Eine Steigerungsform ist der Sprung an das Tau, z.B. an eine am Tau markierte Stelle.

Beim Aufschwingen sammeln wir mit zwei Tauen und niedriger Landestelle erste Erfahrungen. Die gleiche Übung wird dann auch mit einem Tau durchgeführt. Eine dem turnerischen Unterschwung verwandte

Bewegung ist der anschließende Überschwung über den Kasten mit Aufsetzen eines Beines. Sie kann mit einem und auch mit zwei Tauen durchgeführt werden.

Mit der Höhe der Aufsprungstelle steigt auch die Herausforderung. Mit Kästen kann ausgezeichnet differenziert werden. Aber auch übereinander

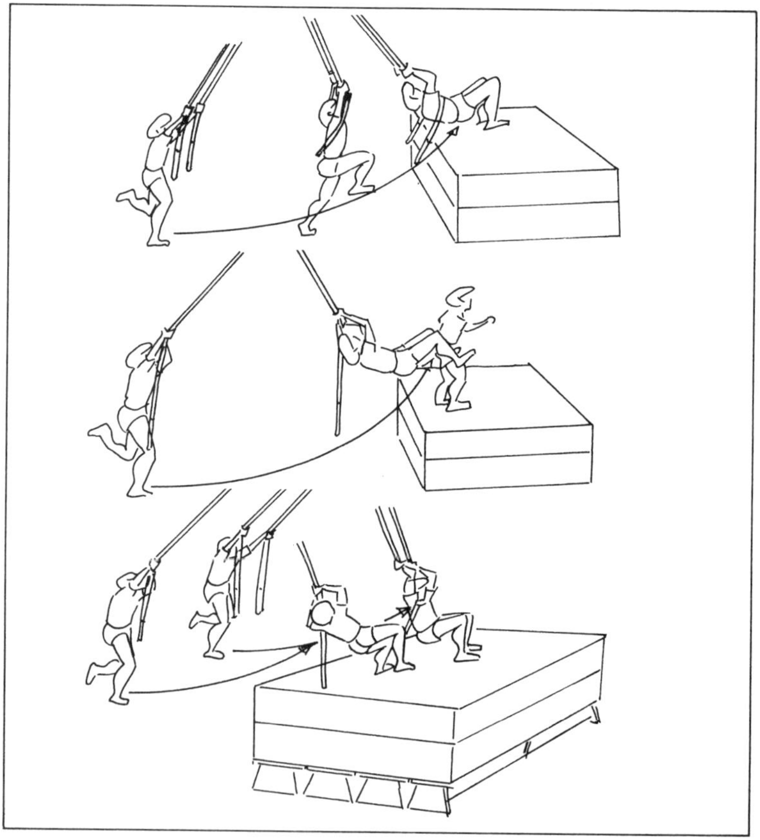

gelegte Weichböden sind dafür gut geeignet. Alle Übungsformen können mit einem oder auch mit zwei Tauen durchgeführt werden.

Am Ende dieser interessanten Darstellung des Vorbereitens und Übens mit dem Tau steht eine dem Stabhochsprung verwandte Bewegungsform: Tauhochsprung. Sie ist eine wichtige Vorbereitungs- und auch Trainingsübung, die erfahrungsgemäß einen großen Reiz besitzt. Vorbereitend wird sie zunächst ohne und dann mit gehaltener Leine durchgeführt.

Wettspiele

Viele der dargestellten Übungsaufgaben können ohne großen organisatorischen Aufwand mit Wettspielformen abgeschlossen werden.

Hin und zurück

Zwei oder mehr Gruppen treten gegeneinander an. Jede besetzt einen Start- und einen Landeplatz auf gegenüberstehenden Kästen und ein Tau. Die Aufgabe besteht darin, zum gegenüberstehenden Kasten und wieder zurück zu schwingen und das Seil an den nächsten zu übergeben. Die Anzahl der Durchgänge wird vorher festgelegt.

Über die "Schlucht" und im Sprint zurück

Zwei oder mehr Gruppen treten gegeneinander an. Jede besetzt ein Tau. Die Aufgabe besteht darin, über die "Schlucht" zu schwingen und mit einem Sprint wieder zurückzukehren, um den nächsten abzuschlagen. Die Anzahl der Durchgänge wird vorher festgelegt.

Treffer zählen

Der Vorschwung wird mit einem Ball zwischen den Beinen ausgeführt. Für jede Mannschaft ist ein Fahrradreifen als Ziel ausgelegt, der mit dem Ball getroffen werden soll. Wettspielmöglichkeiten sind, in festgesetzter Zeit möglichst viele Treffer zu erzielen oder möglichst schnell eine bestimmte Anzahl von Treffern zu erreichen.

Punkte sammeln

Im Niedersprungbereich ist für jede Mannschaft ein Fahrradreifen als Ziel ausgelegt. Jede Landung im Innern des Reifen zählt einen Punkt. Wer hat zuerst 10, 20 Punkte? Wer schafft in 2, 3 Minuten die meisten Punkte?

Transportstaffel

Ein mitgeführter Ball wird am Ende des Vorschwunges zu einem Partner "geworfen". Dieser fängt oder nimmt den Ball auf, umläuft ein Mal und bringt den Ball wieder zur Ausgangsposition. Wer geschwungen ist, übernimmt die Aufgabe des Fängers. Die Anzahl der Durchgänge wird vorher festgelegt.

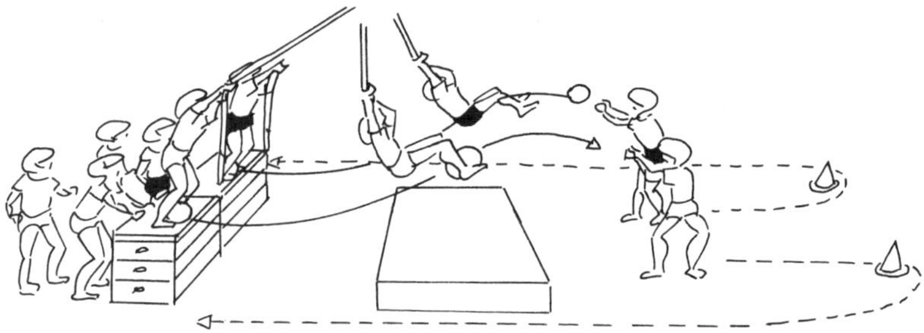

Schwingen und Sprinten

Der Geräteaufbau für das Tauschwingen wird durch Einstellen von zwei Hütchen zu einem Dreieckskurs erweitert. Jede Mannschaft verteilt ihre Mitglieder gleichmäßig an allen drei Ecken. An der Tauschwinganlage besetzt jede Mannschaft ein festes Tau. Der Dreieckskurs besteht aus zwei Sprintstrecken und einer Schwingaufgabe. Er wird von den Mannschaften als Staffel bewältigt, d.h. jeder legt immer nur eine Teilstrecke zurück. Die Mannschaften starten entweder alle an der gleichen oder alle an verschiedenen Positionen.

Tauschwingen und **Stabspringen** ergänzen sich auf jeder Stufe des Ausbildungsprozesses. Für eine spielerische Auseinandersetzung mit dem Stabspringen eignen sich zu Beginn vor allem kleinere, handliche Stäbe. Alles was stabil und etwa zwei bis drei Meter lang ist, kann dafür verwendet werden. Besser geeignet als die für den Anfänger schweren und viel zu langen Glasfieberstäbe sind Bambusstäbe oder auch alte abgebrochene Stäbe. Sie werden notfalls mit Klebeband in einen gebrauchsfertigen Zustand gebracht.

Am Anfang steht das freie Erproben. Ein Rasenplatz bietet beim Einstecken des Stabes ausreichenden Widerstand. Der Rechtshänder greift rechts oben, springt mit links ab und schwingt rechts am Stab vorbei. Das Erlebnis, sicher vom Stab getragen zu werden, hängt davon ab, daß der Übende den Körper eng an den Stab bringt.

Mit Seilen können auf dem Rasen "Gräben" angedeutet werden. Sie mit den Stäben zu überspringen, ohne die Stäbe in sie hineinzustecken, ist eine reizvolle Aufgabe. Die Gräben können in der Halle auch mit Matten

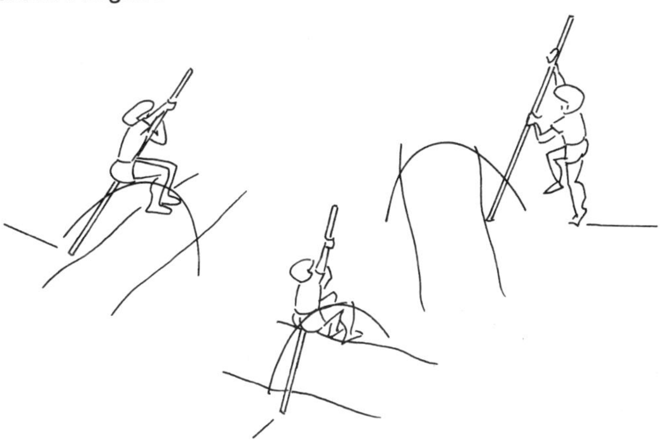

gebildet werden. Auch hier darf der Stab nicht in den Graben hineingesteckt werden.

Eine interessante Aufgabe ist auch das Zielspringen. Als Ziele werden Fahrradreifen in solcher Entfernung zueinander ausgelegt, daß die Übenden von Reifen zu Reifen gelangen können.

Schwieriger wird die Aufgabe, wenn aus kleinen Kästen ein "Inselgebiet" zusammengestellt wird, durch das der Springer sich seinen Weg suchen

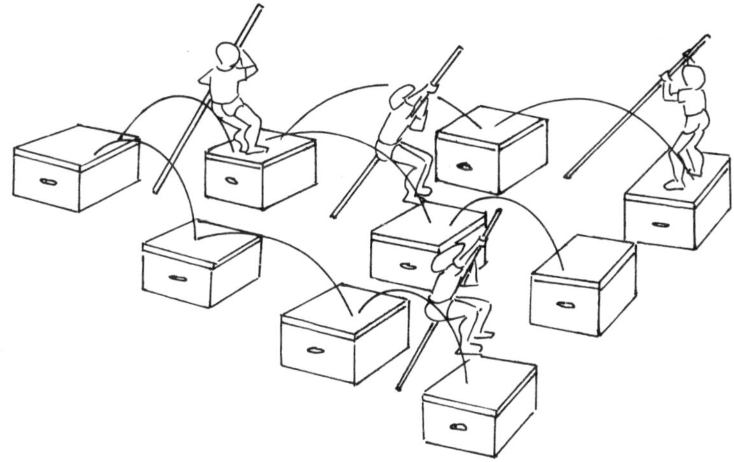

muß. Noch tiefer wird der zu überwindende Graben, wenn er durch große Kästen gebildet wird. Bevor allerdings von Kasten zu Kasten gesprungen wird, sammeln die Übenden erst einmal mit einer weicheren Landestelle Erfahrung.

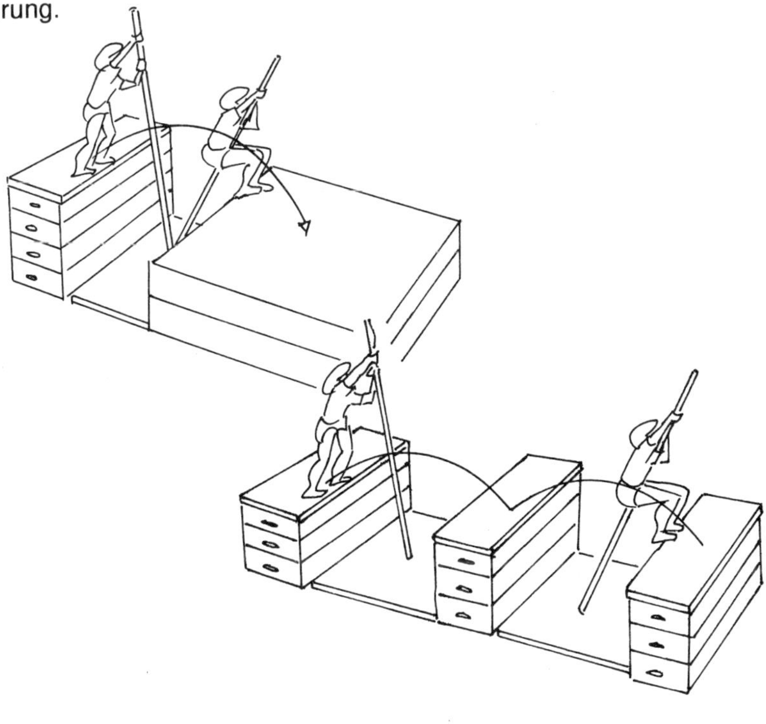

Zwei Linien kennzeichnen einen Bereich, der mit möglichst wenig Sprüngen überwunden werden soll. Möglich ist es auch, die Anzahl der Sprünge vorzugeben. Wer es nicht schafft, versucht es noch einmal, wer es aber schafft, versucht es beim nächsten Durchgang an einem etwas breiteren Graben.

Mit Bananenkartons können draußen auf dem Platz kleine Hindernisse gebaut werden, die mit dem Stab übersprungen werden sollen. Wichtig ist es, die Kartons so weit auseinanderzustellen, daß die Springer sich nicht gegenseitig behindern können.

In der Halle ist der Mattenbogen ein vergleichbares Hindernis. Die als weich bekannte Matte fordert zum Springen heraus und erzeugt auch dann keine Angst, wenn ein Sprung mal nicht erfolgreich ist.

Mit Bananenkartons können auf dem Rasen ganz unterschiedliche Aufbauten erstellt werden, mit deren Hilfe die Sprungaufgaben sehr variabel gestaltet werden können. Am Aufbau in Sternform springen die Übenden im Kreis herum über die Hindernisse, beim Aufbau in Reihe hintereinander wird eine lange Hindernisstrecke überwunden.

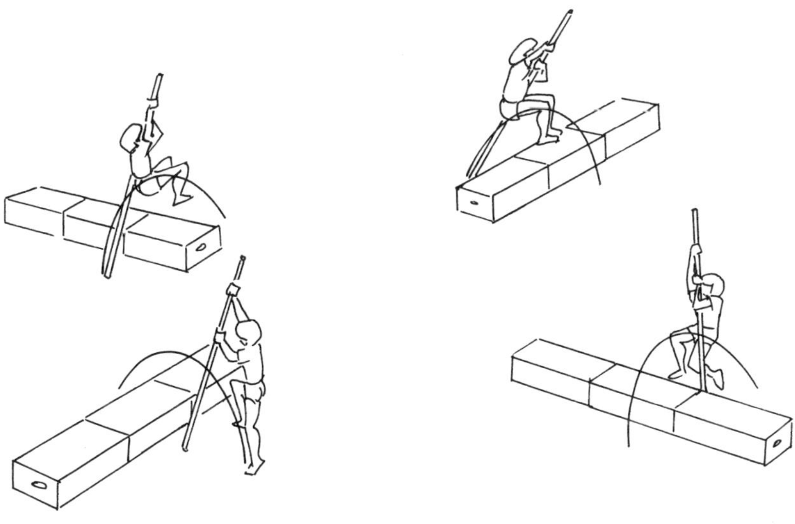

Die Bananenkartons können aber auch zu allmählich immer größeren Hindernissen zusammengestellt werden. Sie können in der Höhe und auch in der Länge wachsen. Vieles kann noch auf dem Rasen organisiert werden. Wenn die Sprünge aber größer werden, ist eine gut durchgegrabene Sprunggrube als Landestelle notwendig.

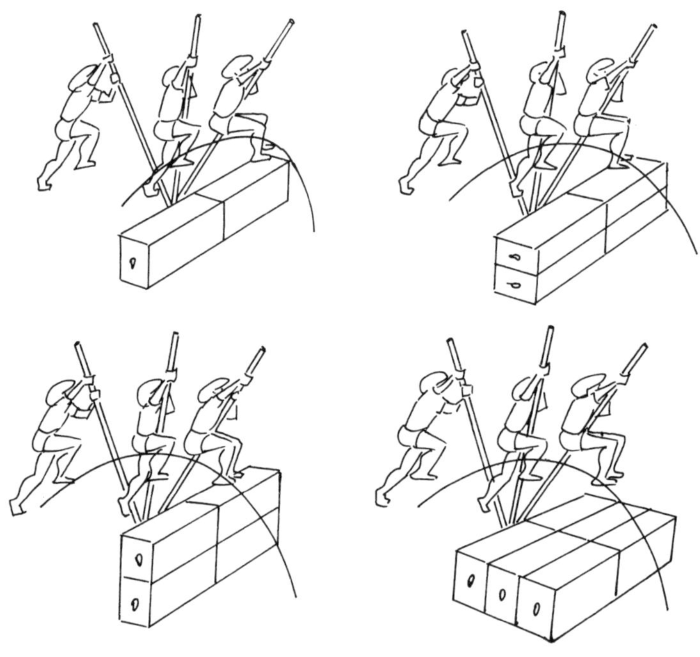

Der schwierige Einstich des Stabes aus dem Anlauf wird am besten aus dem Vorschieben des Stabes über den Boden erlernt. In der Grube ist mit dem Spaten ein entsprechendes Einstichloch vorbereitet, in das der Stab hineingeschoben wird. Der Übende erhält die Anweisung, das Stabende bei den letzten drei Schritten mit beiden Armen schnell nach vorne oben zu führen. Der Rechtshänder springt mit links kräftig ab und bringt seinen Körper eng an den Stab heran. Die Landung erfolgt auf beiden Beinen.

Eine Variante ist das Zielspringen. Als Ziele geeignet sind Fahrradreifen, die je nach Leistungsstand und Aufgabenstellung auch in ganz unterschiedlichen Entfernungen ausgelegt werden und so zu einer entsprechenden Differenzierung beitragen können.

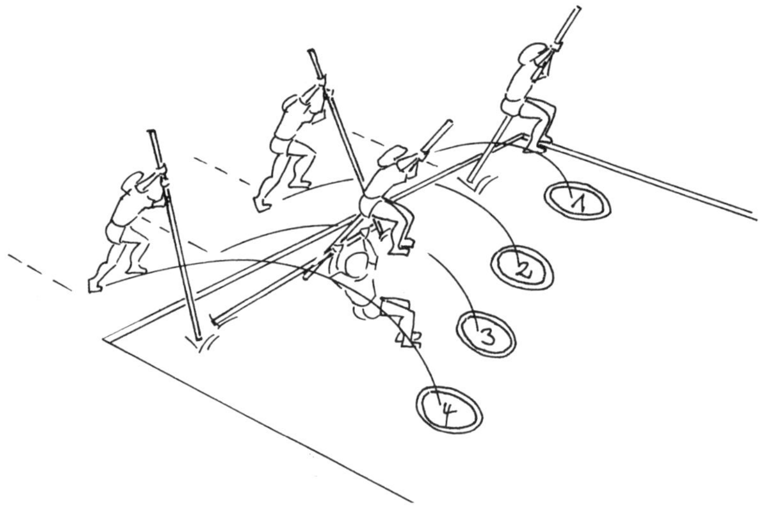

Eine Differenzierung kann jedoch auch mit unterschiedlich breiten Zonen eingerichtet werden. Ist die schmalste Zone so abgemessen, daß jeder sie schafft, wird mit einem "Mal sehen, ob ich die nächste auch noch schaffe?" jedesmal eine neue Herausforderung gestellt.

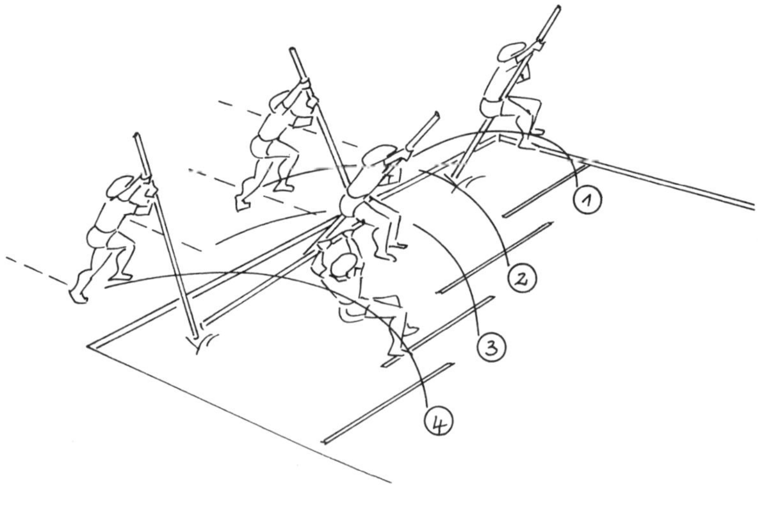

Interessante Herausforderungen bieten auch Hindernisse, wenn sie zwar den Mut herausfordern, aber keine Angst erzeugen. Geeignetes Baumaterial sind die Bananenkartons. Die aus ihnen gebauten Hindernisse

können ganz allmählich größer werden, so daß aus dem "Das hab' ich geschafft!" immer wieder eine neue Spannung für die nächst schwierigere Aufgabe entsteht.

Wenn draußen an der Grube ein paar Geräte zur Verfügung stehen, können auch schon kleinere Tiefsprunggruben gebaut werden, mit denen das Erlebnis, vom Stab getragen zu werden, gesteigert werden kann. Eine einfache Bank ist dafür gut geeignet. Zusammen mit einem Ziel (Fahrradreifen) ergeben sich interessante Aufgabenstellungen.

Noch bessere Absprungstellen bieten kleine Kästen. Hintereinander aufgestellt sind sie ein stabiler Anlaufsteg. Mehrere miteinander verbundene Reifen gestatten eine angemessene Differenzierung der Sprungweiten.

In der Halle ist es immer möglich, sich mit einem oder mehreren großen Kästen eine Tiefsprunggrube zu bauen. Das Erlebnis, vom Stab durch die Luft getragen zu werden, erlebt der Übende zunächst mit dem Hexenritt. Die Höhe des Griffes mißt er am Ende des Kastens mit hochgestreckten Armen ein. Dann geht er auf dem Kasten zurück und führt den Hexenritt aus zwei Schritten Anlauf aus, indem er den Stab über die Kastenkante vorschiebt.

Für den Einstich wird aus zwei Matten eine Stufe gebaut, gegen die der Stab über die Kastenkante geschoben wird. Der Übende führt einen Stabweitsprung in einen Weichboden aus.

Eine interessante Variante ist der Zielsprung in einen Fahrradreifen. Mehrere miteinander verbundene Reifen gestatten eine sinnvolle Differenzierung. Diese kann auch mit verschiedenen Zonen eingerichtet

werden. Dabei wird die Höhe der Tiefsprunggrube allmählich reduziert, ihre Länge durch Hinzustellen eines zweiten Kastens jedoch verlängert, so daß ein schneller Anlauf und ein kräftigerer Absprung möglich werden.

Reizvolle ergänzende Übungsformen sind Aufsprünge. Sie können gegen eine Mattenstufe aus dem Vorschieben des Stabes ausgeführt werden. Zur Schonung der Geräte und auch des Bodens muß der Stab am unteren Ende abgepolstert werden. Das geschieht z.B. mit einem Tennisball, der aufgeschnitten und übergestülpt wird.

Aufsprunghügel können aus Kästen oder aus Weichböden gebaut werden. Beide Aufbauten lassen sich in der Höhe steigern. Die Übenden führen zunächst den frontalen Aufsprung aus und versuchen sich dann am Aufsprung mit halber Drehung.

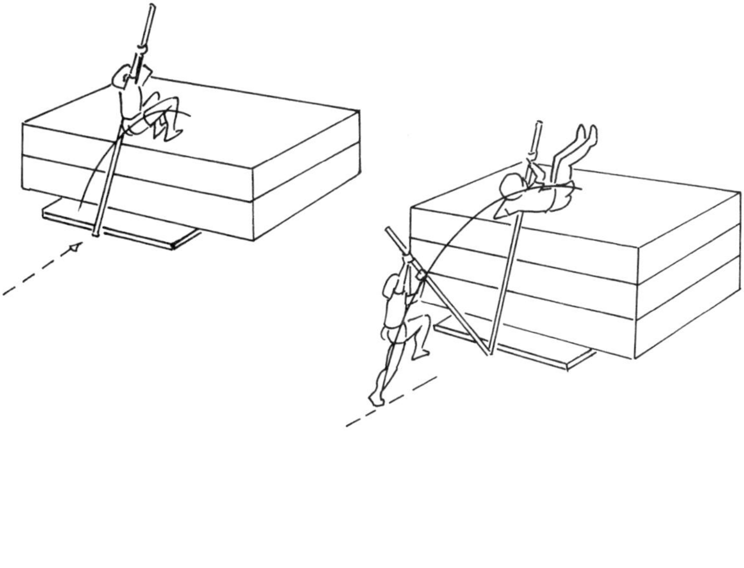

Wer das Stabspringen aus dem Vorschieben richtig koordinieren kann, der besitzt auch die Voraussetzungen für den nächsten methodischen Schritt: Stabspringen aus dem Anlauf. Dabei wird der Stab beim nur kurzen Anlauf etwa parallel zum Boden getragen und dann mit den letzten drei Schritten durch Vorbringen und Hochführen beider Arme eingesteckt.

Die ersten Versuche werden an einer schon bekannten Anlage über Bananenkartons gemacht. Dann aber sind die Voraussetzungen für

einfache Stabhochsprünge geschaffen. Anfangs unterstützt ein Helfer das Aufrichten des Stabes.

Das richtige Erlebnis des Stabhochspringens kann jetzt an der Tiefsprunggrube vermittelt werden. Auch hier sollte ein Helfer das Aufrichten des Stabes unterstützen.

Wettkämpfen

Der traditionelle Dreikampf mit Sprint, Weitsprung und Weitwurf hat für viele an Reiz verloren. Da Wettkämpfe andererseits die Höhepunkte sportlichen Tuns darstellen und mit ihrer Attraktivität immer auch die Attraktivität der Sportart selbst auf dem Spiel steht, muß ein ernsthaftes Interesse daran bestehen, das Wettkampfangebot zu verbessern. Dieses muß interessanter, spannender und vor allem auch flexibler sein, und es muß auch die ansprechen, die sie noch nicht vereinsmäßig betreiben. Für das andere Angebot hat sich schnell das Attribut "alternativ" eingeschlichen und mit ihm die Vorstellung, etwas ganz anderes machen zu können und damit irgendwelchen spaßvollen Episoden Tür und Tor zu öffnen. Darum jedoch darf es in der Leichtathletik nicht gehen, soll nicht etwas ganz anderes dabei herauskommen. Jedes Wettkampfangebot in der Leichtathletik beinhaltet bei aller Notwendigkeit, es zu verändern, klar definierte Leistungsanforderungen im Laufen, Werfen und Springen. Dafür wollen wir eine Auswahl von Möglichkeiten darstellen. Wir haben sie schwerpunktmäßig so zusammengefaßt, daß Lauf-, Wurf- und Sprungwettbewerbe jeweils unter einem gleichen Motto stehen.

Die dargestellten Wettbewerbe können als Klassen- oder Klassenstufenwettbewerbe oder in bestimmten Altersbereichen als Alternativen zu den sonst üblichen Wettbewerben durchgeführt werden. Sie können aber auch neben dem traditionellen Angebot lediglich als zweites Angebot gelten, so daß dem Schüler die Möglichkeit bleibt, sich dem Wettbewerb seiner Wahl zuzuordnen.

Wie bei allen leichtathletischen Wettbewerben so ist auch bei den alternativen ein relativ großer organisatorischer Aufwand erforderlich. Der Verzicht auf eine ansprechende Organisation sollte nicht der Grund für die Reduktion des Programms auf ein mageres Minimum sein.

Tierischer Wettbewerb

Der Tierische Wettbewerb basiert auf der Weiterentwicklung einer Idee von KLUPSCH-SAHLMANN (1990). Seinen Vorschlag, zum Ausmalen der Bildfigur "Joggi", dem Hasen, verschiedene Ausdaueranforderungen zu stellen, haben wir auf die anderen leichtathletischen Disziplinen erweitert. Neben "Joggi", den Hasen, haben wir "Speedi",die Maus, "King Kong", den Affen, und "Flummi", das Känguruh, in den Wettbewerb eingebracht. Bei allen Aufgaben geht es darum, für das Ausmalen be-

Tierischer Wettbewerb

Flummi: Sprungwettbewerb

Wettkampfkarte

Name:____________________ **Mannschaft:**____________________

Kopf	Hemd	Arme	Hose	Beine	Schwanz

stimmter Körperteile und Kleidungsstücke bestimmte Leistungsanforderungen zu erfüllen. Für jedes Teil steht an den Stationen eine bestimmte Farbe zur Verfügung. Die Aufgabe ist vollständig erfüllt, wenn alle Teile angemalt wurden.

Je nach pädagogischer Absicht können die Leistungsanforderungen so gewählt werden, daß sie von allen geschafft werden können, was für die ganz Kleinen wohl sinnvoll ist, oder so, daß ab einer bestimmten Stufe nicht mehr alle dabei sind. Im folgenden sollen zwei verschiedene Vorgehensweisen dargestellt werden. Bei der ersten werden gleiche Aufgaben gestellt, die jedoch von Stufe zu Stufe immer schwieriger werden, bei der zweiten werden für jede Stufe andere Aufgaben gestellt. Die Anzahl von sechs Aufgaben für jeden Einzelwettbewerb ist dabei sehr hoch angesetzt. Reduzierungen sind jederzeit möglich.

Der tierische Wettbewerb kann als Einzel- oder auch als Mannschaftswettbewerb durchgeführt werden. Beim Einzelwettbewerb bekommt jeder die ganzseitigen Tierbilder als Wettkampfkarten, beim Mannschaftswettbewerb werden alle Karten nur einmal für jede Mannschaft ausgegeben. Bei einem Mannschaftswettbewerb gelten die Aufgaben nur dann als erfüllt, wenn jeder sie geschafft hat.

Tierischer Wettbewerb mit gleichen, allmählich gesteigerten Aufgaben

Sprintwettbewerb

Die Sprintaufgaben bestehen aus sechs verschiedenen Sprintstrecken, die immer länger werden. Diese müssen der Reihe nach aus dem Hochstart in einer vorgegebenen Zeit (z.B. 5 sec) bewältigt werden. Wer die erste Strecke in der vorgegebenen Zeit schafft, darf "Speedi" den Kopf anmalen, wer die zweite Strecke schafft, darf das Hemd anmalen usw.

Station 1: Sprint über 20m **(Kopf)**

Station 2: Sprint über 23m **(Hemd)**

Station 3: Sprint über 26m **(Arme)**

Station 4: Sprint über 29m **(Hose)**

Station 5: Sprint über 32m**(Beine)**

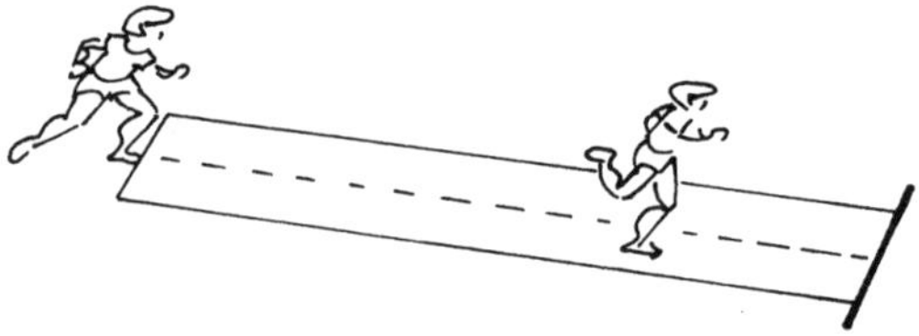

Station 6: Sprint über 35m **(Schwanz)**

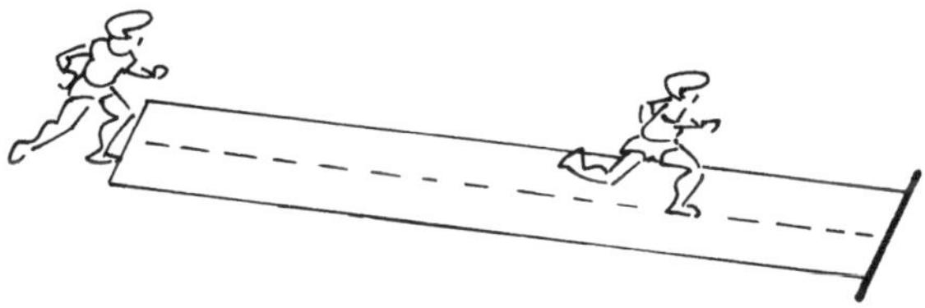

Hinweise zur Organisation

Die Organisation des Sprintwettbewerbs verlangt die Einrichtung vieler Laufstrecken, die gemeinsam belaufen werden. Am günstigsten werden diese auf dem Platz in verschiedenen Längen nebeneinander eingerichtet. Wem die sechs Stufen des Wettbewerbes zu viel sind, kann problemlos auf weniger auszumalende Teile reduzieren. Dafür muß nur die Angebotszeile auf der Wettkampfkarte verändert werden.

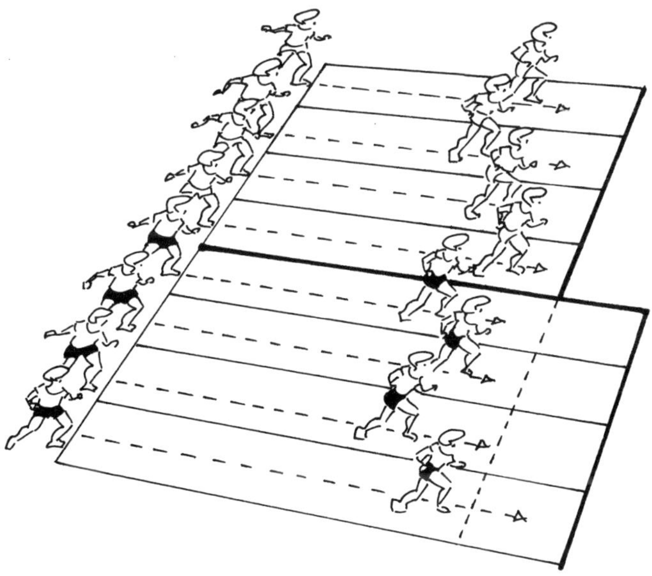

Wurfwettbewerb (1)

Die Wurfwettbewerbe bestehen aus Zielwurfaufgaben. An sechs verschiedenen Stationen, an denen die Entfernung zum Ziel immer größer wird, muß ein Bananenkarton umgeworfen werden. An jeder Wurfstation stehen mehrere Bälle zur Verfügung. Wer den ersten Karton umwirft, darf "King Kong" den Kopf anmalen, wer den zweiten Karton umwirft, darf die Arme anmalen usw.

Station 1: Zielwurf auf einen 6m entfernten Karton **(Kopf)**

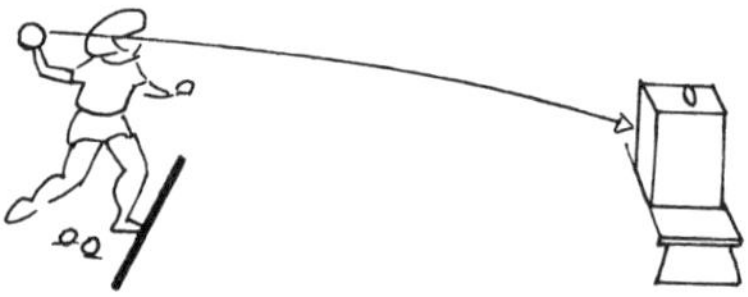

Station 2: Zielwurf auf einen 7m entfernten Karton **(Arme)**

Station 3: Zielwurf auf einen 8m entfernten Karton **(Hemd)**

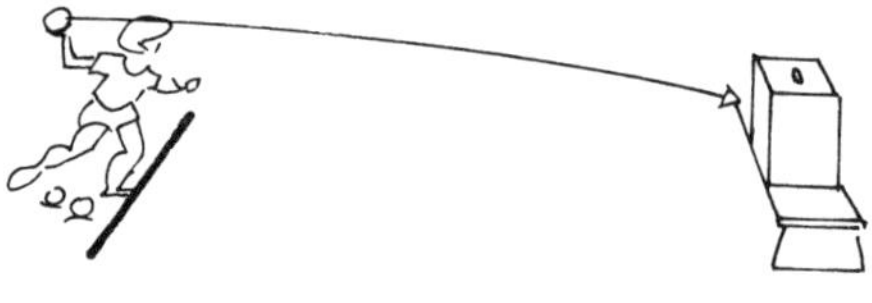

Station 4: Zielwurf auf einen 9m entfernten Karton **(Hose)**

Station 5: Zielwurf auf einen 10m entfernten Karton **(Beine)**

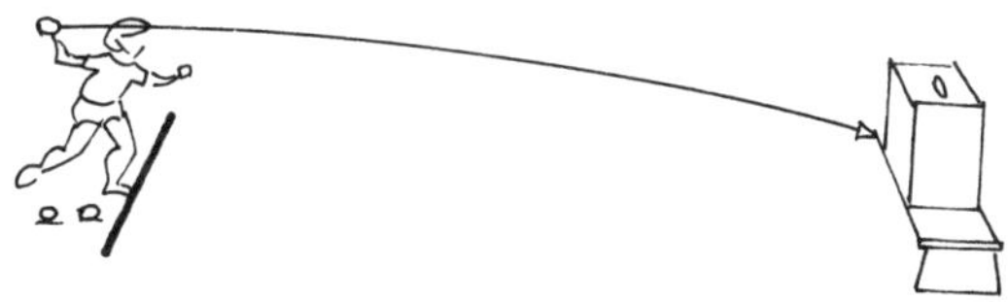

Station 6: Zielwurf auf einen 12m entfernten Karton **(Kokosnuß)**

Organisation des Wettbewerbs

An mehreren Anlagen mit verschiedenen Wurfentfernungen kann gleichzeitig geworfen werden.

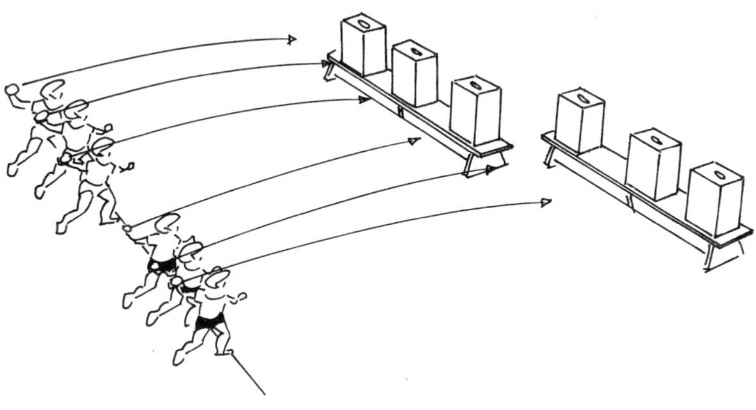

Wurfwettbewerb (2)

Die Wurfaufgaben bestehen aus Weitwürfen über sechs verschiedene Entfernungen. An jeder Wurfstation stehen 3 Bälle zur Verfügung. Wer den ersten "Graben" überwirft, darf "King Kong" den Kopf anmalen, wer die nächste Entfernung schafft, darf die Arme anmalen usw.

1. Station: Wurf über eine Entfernung von 10m **(Kopf)**

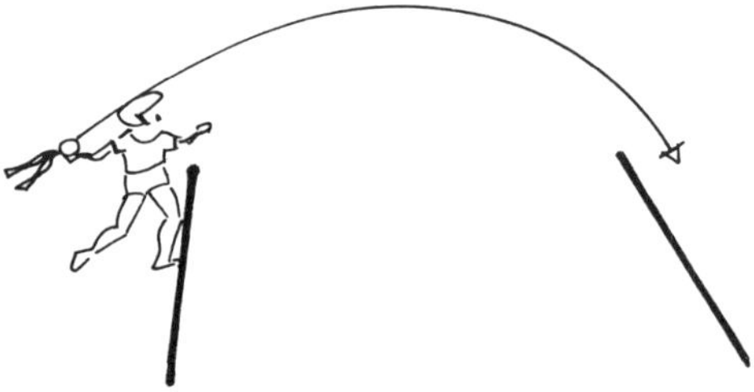

2. Station: Wurf über eine Entfernung von 15m **(Arme)**

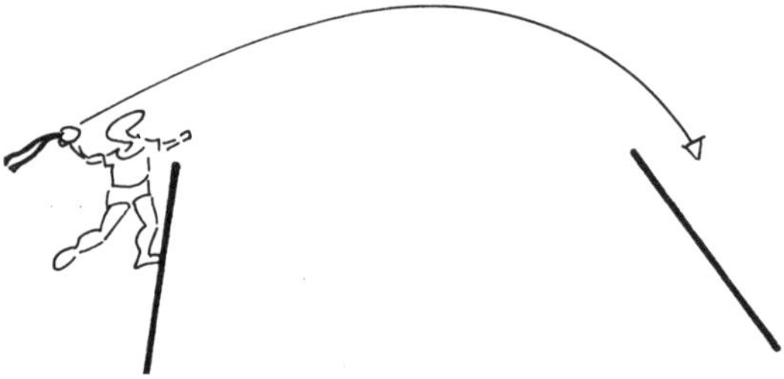

3. Station: Wurf über eine Entfernung von 20m **(Hemd)**

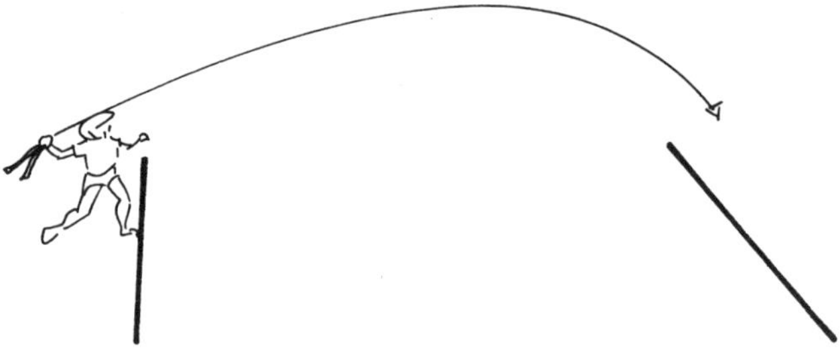

4. Station: Wurf über eine Entfernung von 25m **(Hose)**

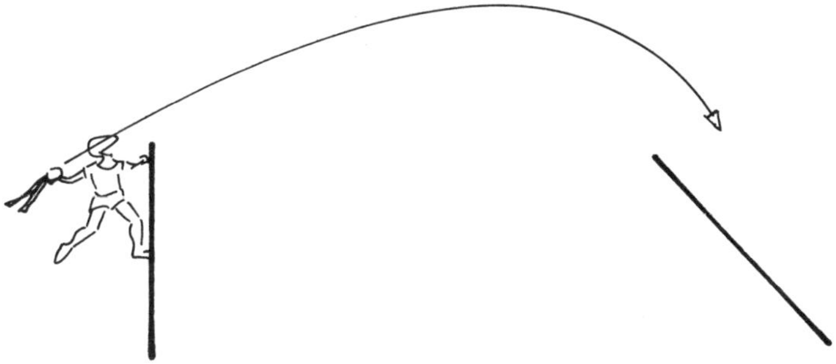

5. Station: Wurf über eine Entfernung von 30m **(Beine)**

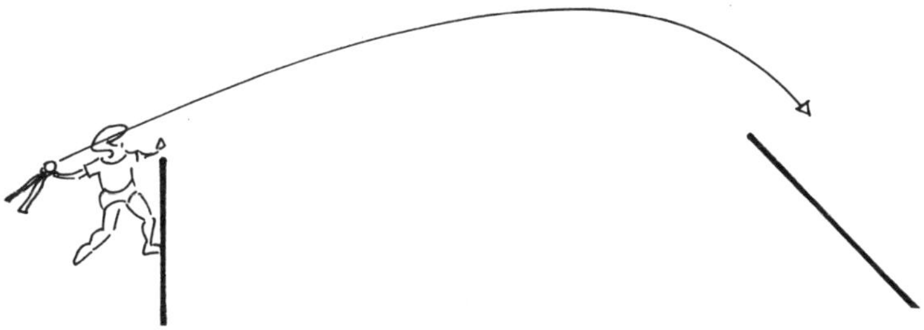

6. Station: Wurf über eine Entfernung von 35m **(Kokosnuß)**

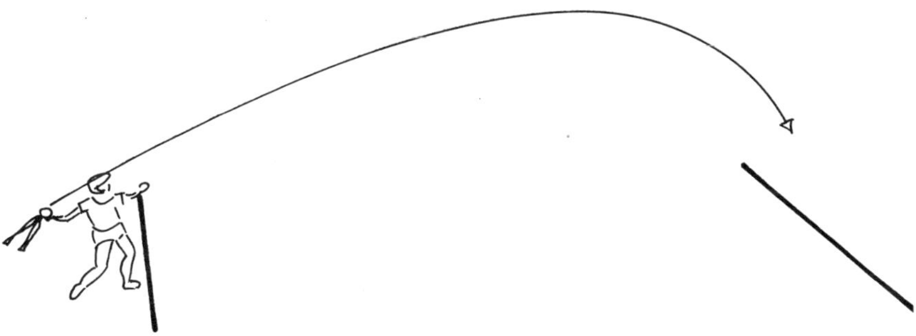

Organisation des Wettbewerbs

An mehreren Anlagen mit verschiedenen Wurfentfernungen kann gleichzeitig geworfen werden.

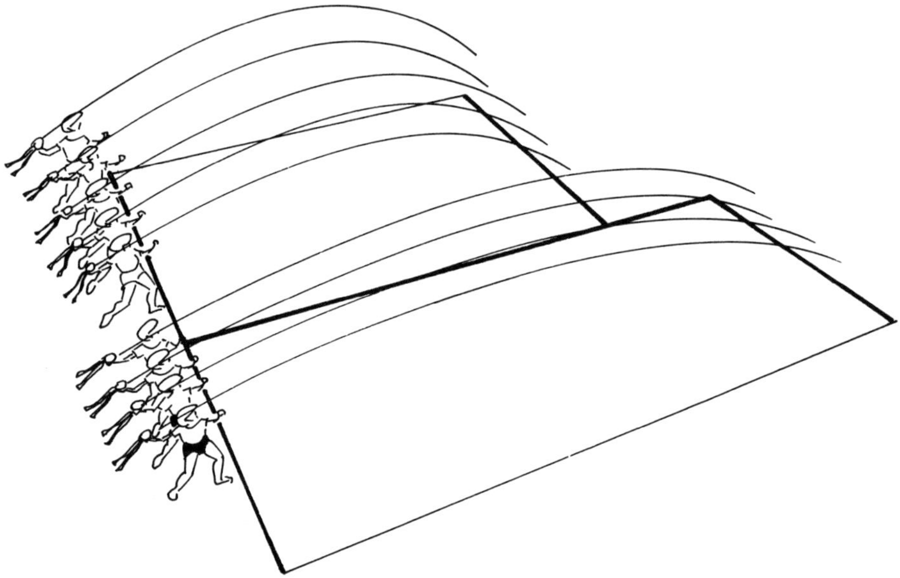

Sprungwettbewerb (1)

Die Sprungaufgaben bestehen aus einer rhythmischen Sprungfolge mit einem abschließenden Weitsprung über einen "Graben". Die Sprungfolge muß im "Einer" bewältigt werden. An der ersten Anlage steht nur ein Hindernis, an der zweiten stehen zwei usw. Wer die erste Aufgabe erfüllt hat, darf "Flummi" den Kopf anmalen, wer die zweite schafft, darf die Arme anmalen usw. An jeder Station hat jeder zwei Versuche.

Station 1: Weitsprung über einen Graben nach Überspringen eines Kartons **(Kopf)**

Station 2: Weitsprung über einen Graben nach einer rhythmischen Sprungreihe im "Einer" über zwei Kartons **(Arme)**

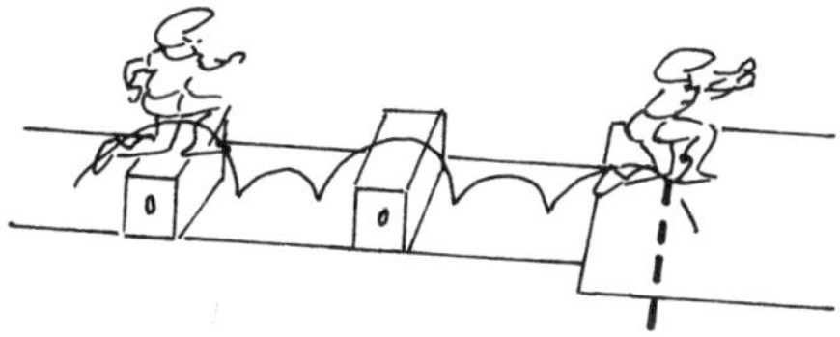

Station 3: Weitsprung über einen Graben nach einer rhythmischen Sprungreihe im "Einer" über drei Kartons **(Hemd)**

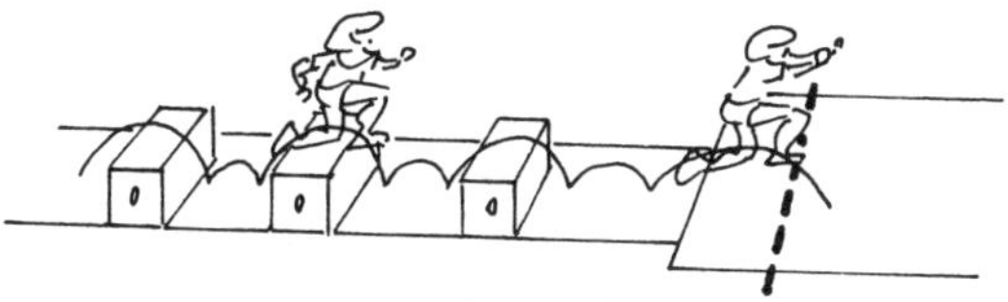

Station 4: Weitsprung über einen Graben nach einer rhythmischen Sprungreihe im "Einer" über vier Kartons **(Hose)**

Station 5: Weitsprung über einen Graben nach einer rhythmischen Reihe im "Einer" über fünf Kartons **(Beine)**

Station 6: Weitsprung über einen Graben nach einer rhythmischen Reihe im "Einer" über sechs Kartons **(Schwanz)**

Sprungwettbewerb (2)

Die Sprungaufgaben sind Weitsprünge mit Absprung aus einem Fahrradreifen über ein in der Grube gespanntes Band. Die jeweilige Aufgabe ist erfüllt, wenn die Leine vollständig übersprungen wird.

1. Station: Sprung über ein 2,00m entferntes Band **(Kopf)**

2. Station: Sprung über ein 2,30m entferntes Band **(Arme)**

3. Station: Sprung über ein 2,60m entferntes Band **(Hemd)**

4. Station: Sprung über ein 2,90m entferntes Band **(Hose)**

5. Station: Sprung über ein 3,20m entferntes Band **(Beine)**

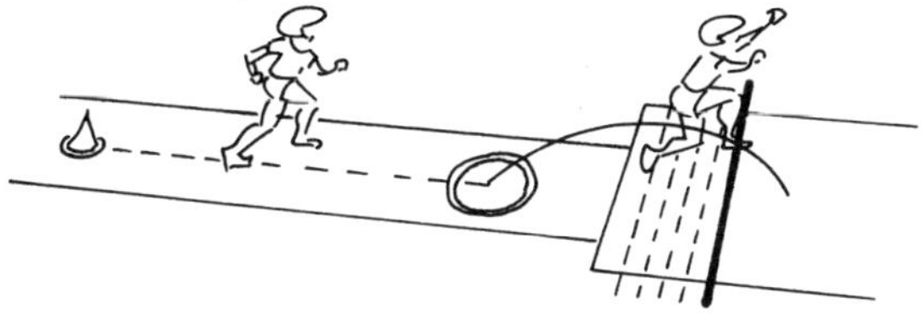

6. Station: Sprung über ein 3,50m entferntes Band **(Schwanz)**

Hinweise zur Organisation

Die Organisation gelingt mit mehreren Anlagen nebeneinander. Diese lassen sich an der Querseite einer Grube oft besser einrichten als von vorne. Absprünge vom Rasen sind bei diesen Aufgaben kein Problem.

Ausdauerlaufwettbewerb

Bei den Ausdauerlaufwettbewerben müssen nacheinander verschiedene Minutenläufe absolviert werden. An der ersten Station wird eine Minute getrabt. Wer es schafft, darf "Joggi" die Ohren anmalen. An der nächsten Station wird zwei Minuten ununterbrochen getrabt. Wer dieses schafft, darf den Kopf anmalen usw.

1. Station: Dauerlauf von 1 Minute **(Ohren)**

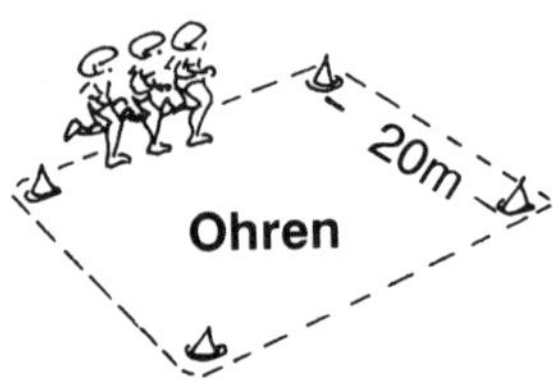

2. Station: Dauerlauf von 2 Minuten **(Kopf)**

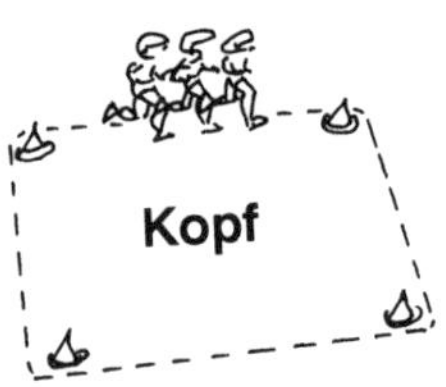

3. Station: Dauerlauf von 3 Minuten **(Hemd)**

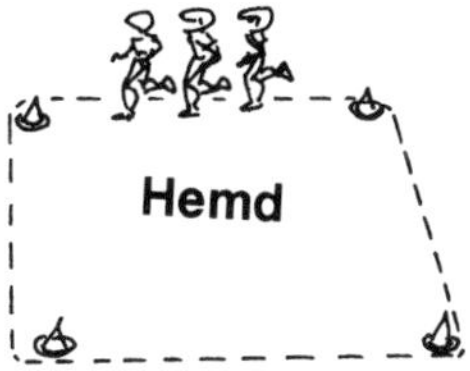

4. Station: Dauerlauf von 4 Minuten **(Arme)**

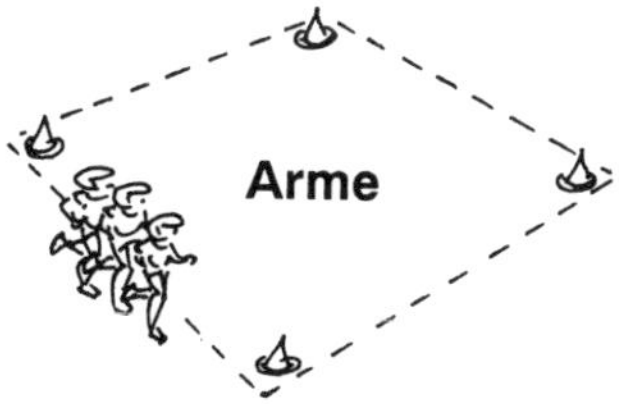

5. Station: Dauerlauf von 5 Minuten **(Hose)**

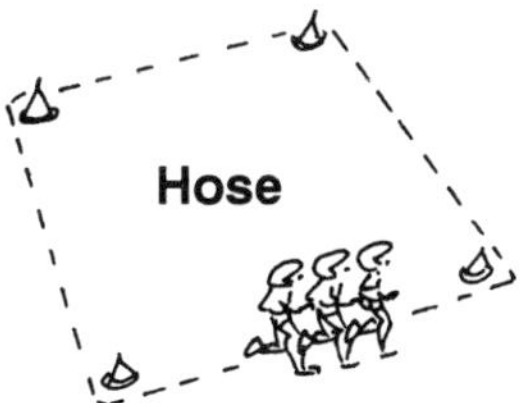

6. Station: Dauerlauf von 6 Minuten **(Beine)**

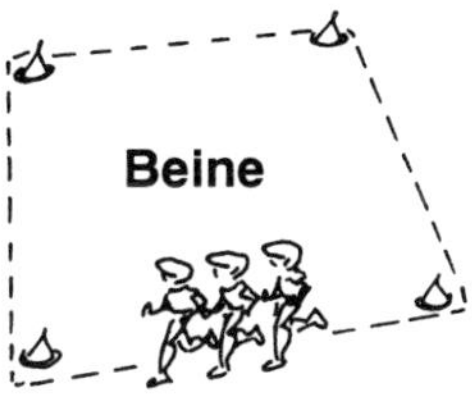

Tierischer Wettbewerb mit verschiedenen Aufgaben

1. Sprintaufgaben
(Beispiele)

1. Station: Flachsprint. Zurücklegen einer Sprintstrecke in vorgegebener Zeit.

2. Station: Hürdenlauf. Zurücklegen einer Hürdenstrecke in vorgegebener Zeit. Angeboten werden drei Strecken mit unterschiedlichen Abständen.

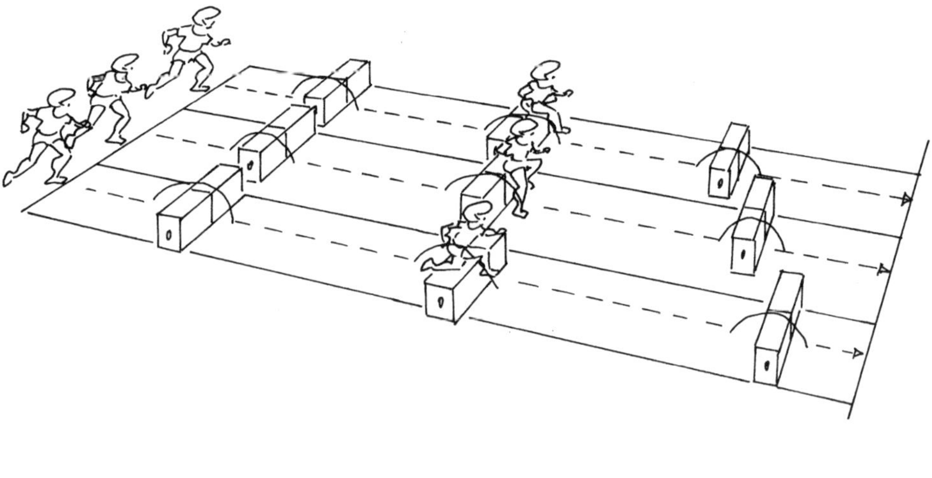

3. Station: Slalomlauf. Zurücklegen der Slalomstrecke in vorgegebener Zeit.

4. Station: Zick-Zack-Lauf. Zurücklegen einer Zick-Zack-Strecke in vorgegebener Zeit.

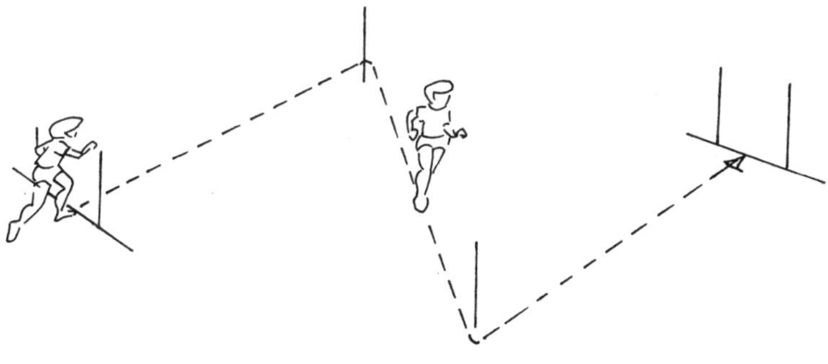

5. Station: Flach hin, Hürden zurück. Zurücklegen einer Wendestrecke in vorgegebener Zeit.

6. Station: Geschicklichkeitslauf. Auf der Sprintstrecke muß zweimal durch einen Reifen gestiegen werden. Zurücklegen der Strecke in vorgegebener Zeit.

2. Wurfaufgaben
(Beispiele)

1. Station: Umwerfen. Mindestens zwei von drei Kartons gilt es abzuwerfen. Es stehen fünf Bälle zur Verfügung.

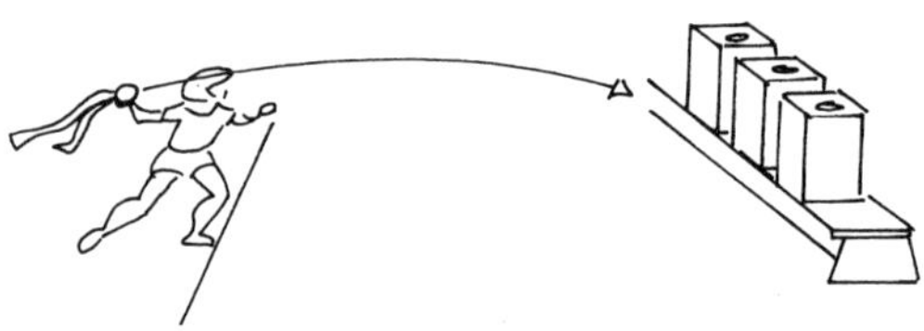

2. Station: Zielwerfen. An einem Zaun ist ein Reifen als Ziel aufgehängt.

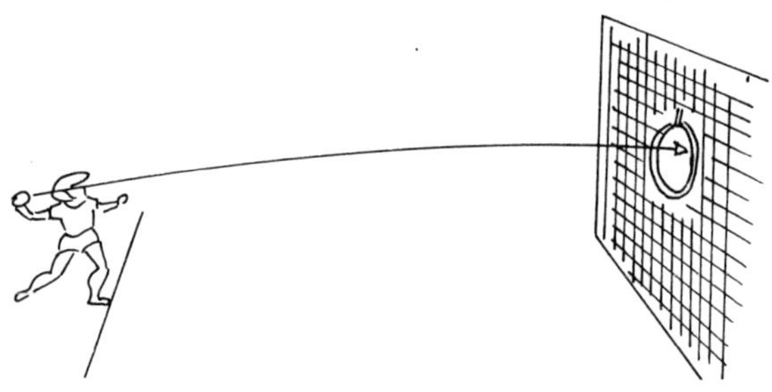

3. Station: Drehwurf aus dem Stand auf ein Ziel. An einem Zaun ist ein Zielstreifen gekennzeichnet. Geworfen wird mit einem Fahrradreifen.

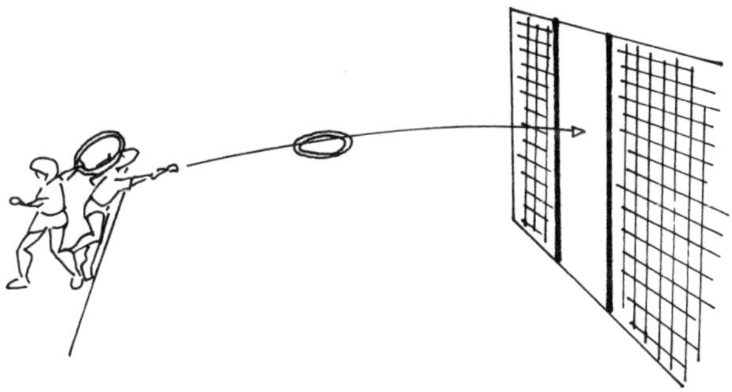

4. Station: Weitwurf. Auf dem Platz ist ein großes Zielfeld gekennzeichnet, in das geworfen werden muß.

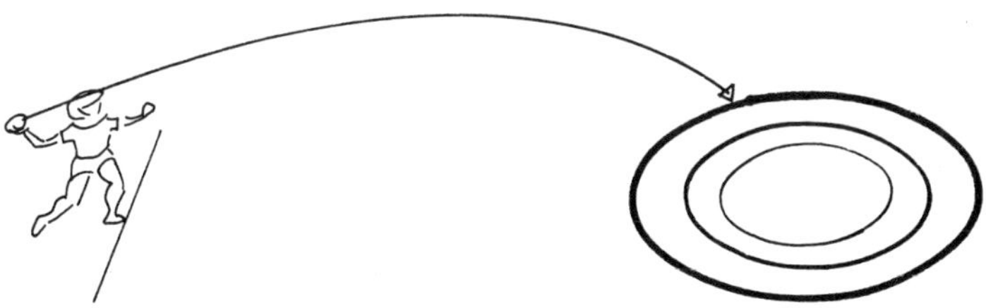

5. Station: Drehwurf aus dem Stand auf Weite. Auf dem Platz ist ein großes Zielfeld gekennzeichnet, das getroffen werden muß. Geworfen wird mit einem Fahrradreifen.

6. Station: Drehwurf mit Einfädeln. In angemessener Wurfentfernung ist eine Fahne eingeschlagen. Die Aufgabe besteht darin, den Reifen mit Drehung so zu werfen, daß er von oben in die Fahnenstange einfädelt.

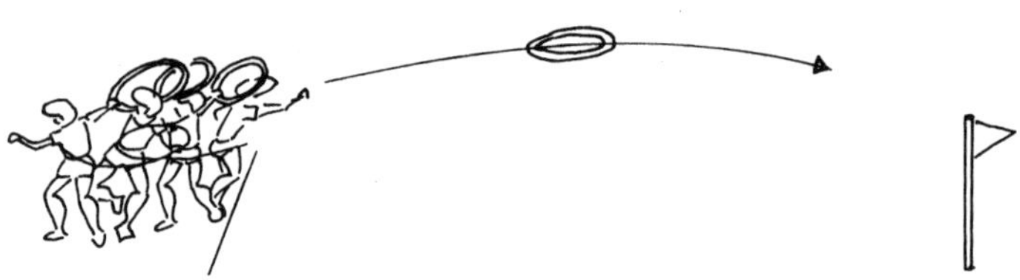

3. Sprungaufgaben
(Beispiele)

1. Station: Mehrfach-Zielsprung durch Reifen.

2. Station: Im "Einer" über mehrere Hindernisse.

3. Station: Überwinden einer horizontal gesteigerten Sprungreihe im "Einer".

4. Station: Überwinden einer vertikal gesteigerten Sprungreihe im "Einer".

5. Station: Weitsprung über einen Graben nach einer horizontal gesteigerten Sprungreihe.

6. Station: Hochsprung über eine feste Höhe nach einer vertikal gesteigerten Sprungreihe.

4. Ausdauerlaufaufgaben
(Beispiele)

1. Station: Dauerlauf von 5 Minuten **(Ohren)**

2. Station: 5 Runden um ein Viereck **(Kopf)**

3. Station: Umkehrlauf in einem Zeitlimit von 15 sec **(Hemd)**

4. Station: 3 Runden Hindernislauf **(Arme)**

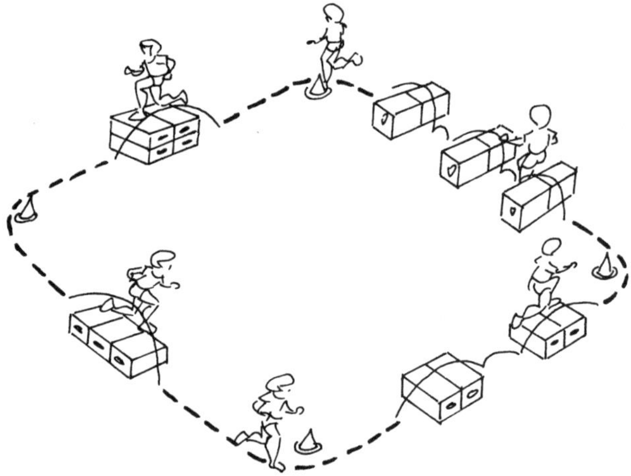

5. Station: Runde durchs Schulgelände **(Hose)**

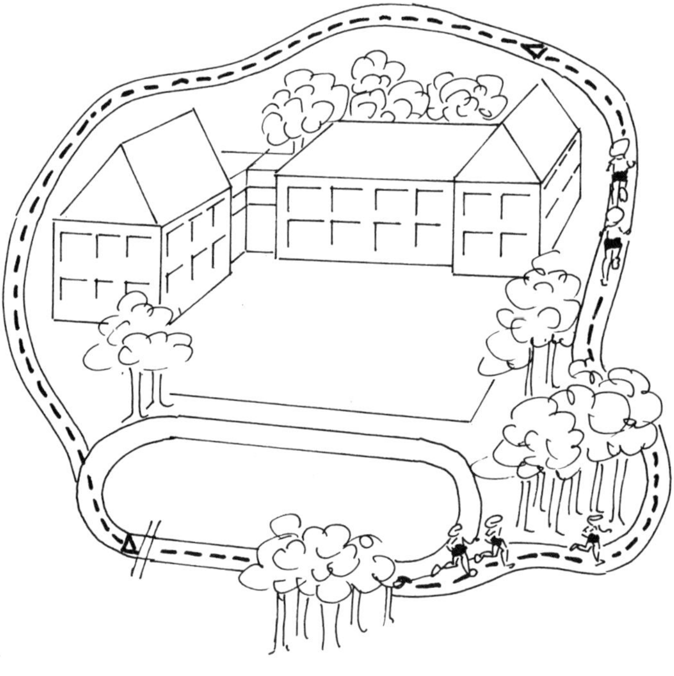

6. Station: Ausdauerrunde mit Geschicklichkeitsaufgaben **(Beine)**

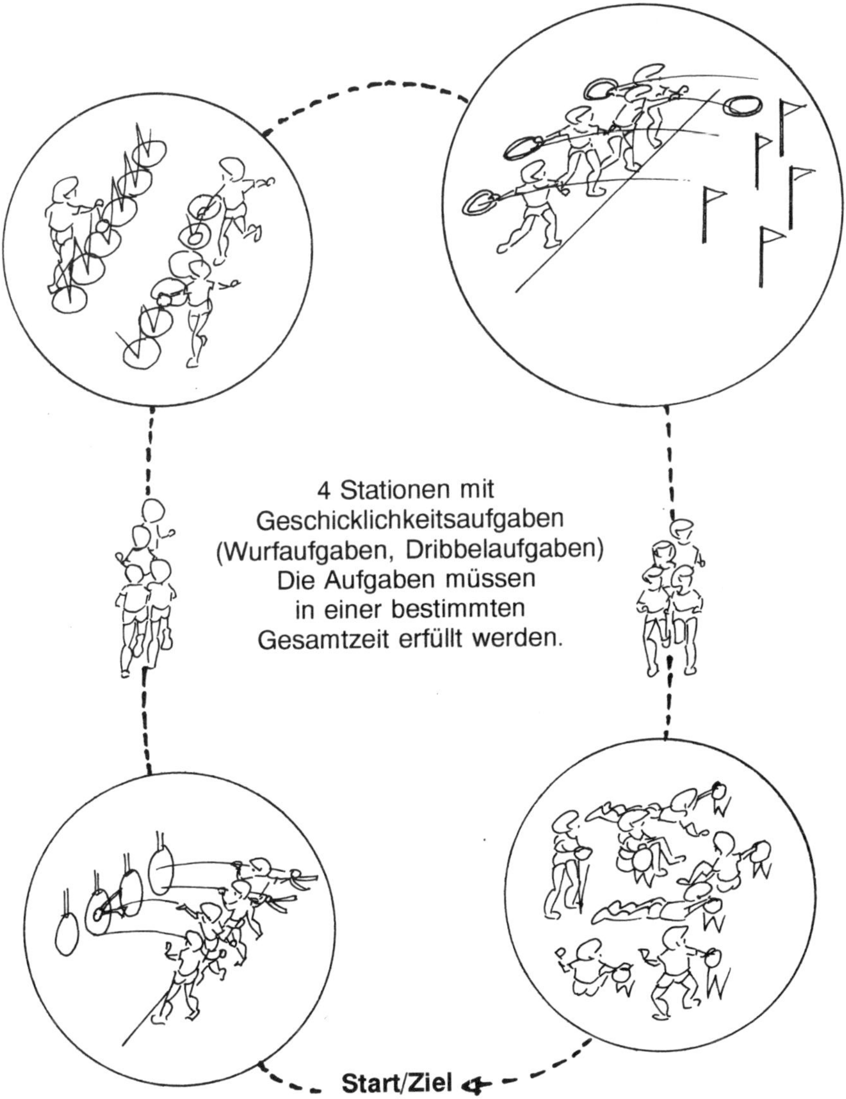

Biathlon-Wettbewerb

Biathlon-Wettbewerbe sind in der Leichtathletik bekannt als Verbindungen von Ausdauerlaufen und Werfen. In gleicher Weise können jedoch auch Kombinationen mit Sprinten und Werfen sowie Springen und Werfen gestaltet werden. Verschiedene Biathlon-Aufgaben ergeben einen kompletten leichtathletischen Wettbewerb, bei dem auf keine der Grunddisziplinen verzichtet werden muß. Er besteht aus einem Sprint-Biathlon, einem Sprung-Biathlon und einem Ausdauer-Biathlon.

Jede Teildisziplin führen wir als Mannschaftswettbewerb durch. Die Gruppen oder Klassen werden dafür in Mannschaften von 5 bis 6 Übenden eingeteilt. Die Organisation ist die eines Spielturniers mit einem Spielplan. Es treten immer zwei Mannschaften gegeneinander an. Die Ergebnisse werden mit Punkten und und den erzielten Zeiten festgehalten. Turniersieger in einer Teildisziplin (z.B. Sprint-Biathlon) ist die Mannschaft mit dem besten Punkteverhältnis und bei Punktgleichstand mit der besseren Gesamtzeit. Zur Ermittlung des Gesamtsiegers werden alle Teilergebnisse addiert.

Turnierplan: Sprint-Biathlon

Mannschaft Mannschaft	A	B	C	D
A	X			
B		X		
C			X	
D				X

Sprint-Biathlon

Der Sprint-Biathlon besteht aus Zielwerfen und Sprinten. Jede Mannschaft besitzt einen Stapel Kartons (Anzahl der Mannschaftsmitglieder gleich Anzahl der Kartons). Diese werden nacheinander (jeder absolviert einen Sprint) zu einer Bank gebracht und dort als Ziele hochkant aufgestellt. Steht die gesamte Kartonreihe und ist der letzte Sprinter wieder zurückgekehrt, müssen alle Kartons abgeworfen werden. Das Rückholen der Bälle organisieren die Mannschaften selbst, bis alle Kartons abgeworfen werden konnten. Zum Schluß werden die Kartons wieder einzeln Sprinter um Sprinter zurückgeholt. Wenn der letzte Karton über die Ziellinie geht, wird die Zeit genommen.
Wer gewinnt, bekommt 2:0 Punkte, wer verliert 0:2 Punkte,- und bei einem unentschiedenen Ausgang werden 1:1 Punkte verteilt.

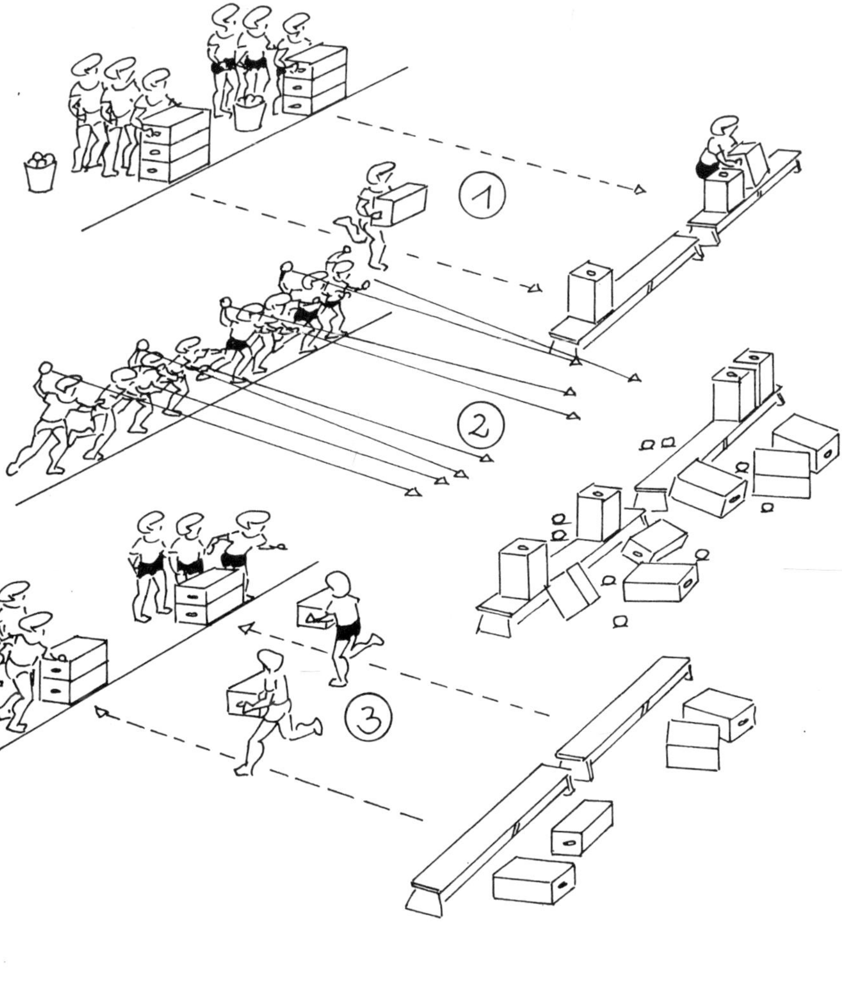

Sprung-Biathlon

Der Sprung-Biathlon besteht aus Zielwerfen und Springen. Das Springen erfolgt auf einer "Strafrunde", für die eine rhythmische Sprungreihe eingerichtet wird. Die Wettkämpfer einer Mannschaft starten einzeln nacheinander. Zunächst muß ein Ziel (z.B. Bananenkarton) abgeworfen werden. Hierfür stehen zwei Bälle zur Verfügung. Gelingt es, das Ziel zu treffen, ist der nächste dran. Gelingt es nicht, muß eine "Strafrunde" über die Sprungstrecke absolviert werden. Der nächste Wettkämpfer darf erst nach Beendigung der "Strafrunde" werfen. Nach dem Einsatz des jeweils letzten einer Mannschaft wird die Zeit genommen.

Es treten wieder je zwei Mannschaften gegeneinander an. Wer gewinnt, bekommt 2:0 Punkte, wer verliert 0:2 Punkte, und bei unentschiedenem Ausgang werden 1:1 Punkte verteilt.

Ausdauer-Biathlon

Der Ausdauer-Biathlon besteht aus Ausdauerlaufen und Zielwerfen. Auf einer langen Rundstrecke, die einmal oder mehrmals absolviert werden muß, werden mehrere Wurfstationen mit gleichen oder auch verschiedenen Wurfaufgaben angeboten. Zwischen den Wurfstationen dürfen die einzelnen Mannschaftsmitglieder so schnell laufen, wie sie wollen; an den Wurfstationen müssen sie jedoch so lange warten, bis alle Mannschaftsmitglieder ihre Aufgabe erfüllt haben. Hier kann unterschiedlich verfahren werden. Entweder muß jeder so lange werfen, bis er seine Wurfaufgabe erfüllt hat, oder es muß für jede nicht erfüllte Wurfaufgabe eine Strafrunde absolviert werden. Die Laufzeit wird genommen, wenn der letzte einer Mannschaft durchs Ziel kommt.
Es treten jeweils zwei Mannschaften gegeneinander an. Wer gewinnt, bekommt 2:0 Punkte, wer verliert 0:2 Punkte, und bei unentschiedenem Ausgang werden die Punkte geteilt.

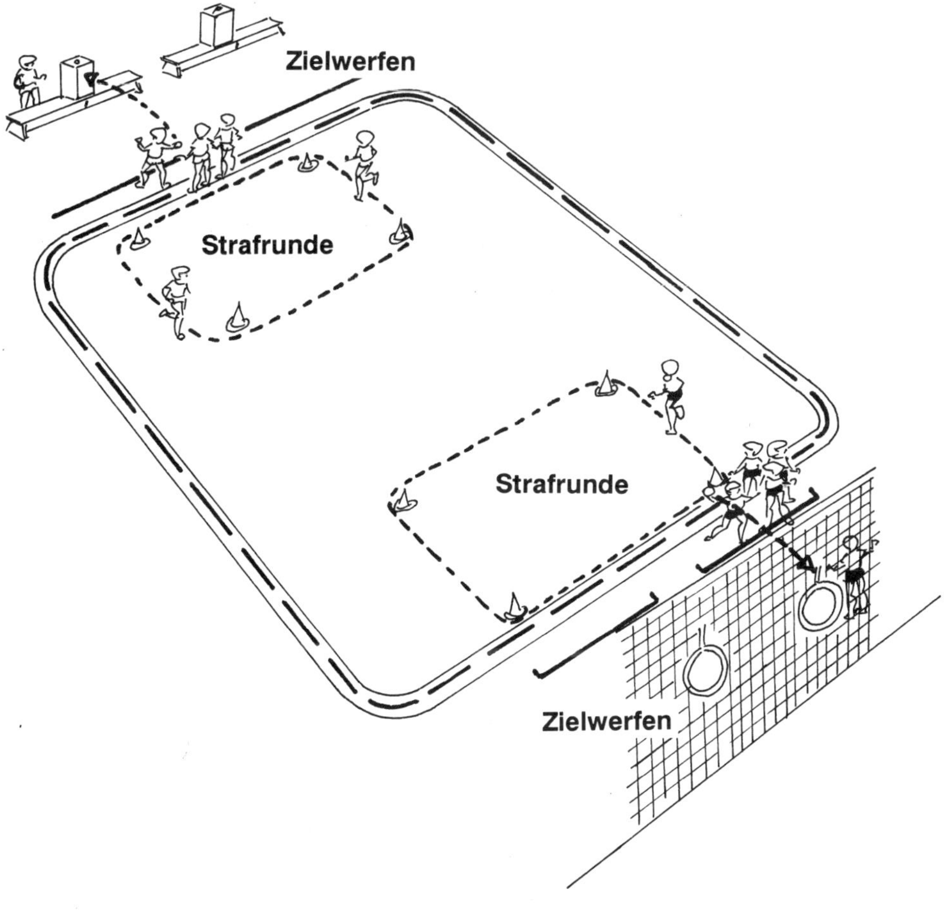

Eine interessante Variante ist der Mini-Maxi-Biathlon (siehe Band 1), bei dem die Biathlon-Aufgabe in einem vorgegebenen Zeitintervall (z.B. mindestens 13 Minuten, höchstens 15 Minuten) erledigt werden muß.

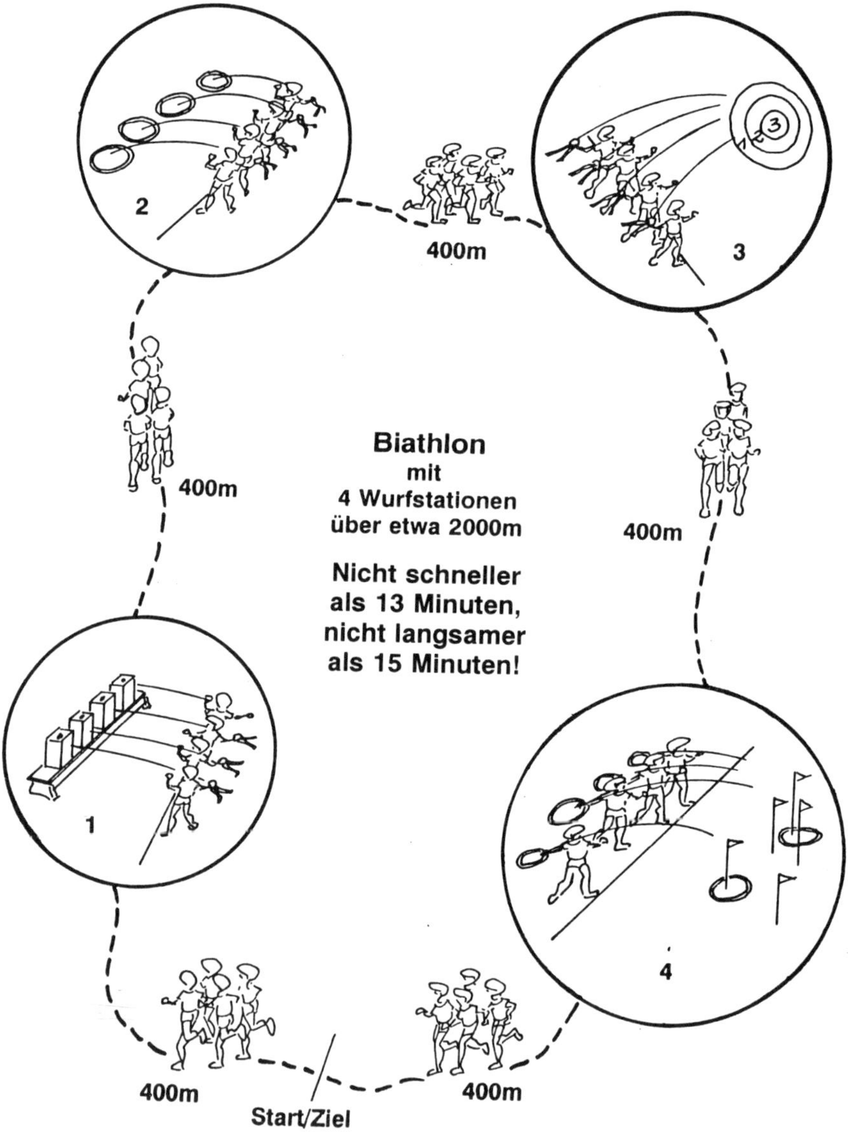

Außer der hier angebotenen Turnierwertung ist, wenn mehrere Mannschaften gegeneinander antreten sollen, auch eine Art Europapokalwertung möglich, z.B. in der Weise, daß bei fünf startenden Mannschaften die erste 5 Punkte, die zweite 4 Punkte usw. erhält. Auch hierbei werden für jede Mannschaft die Zeiten genommen und die Gesamtzeiten abschließend durch Addition der Einzelleistungen ermittelt.

Treibjagd-Wettbewerb

Der Treibjagd-Wettbewerb ist aus dem Treibballspiel entwickelt. Die Grundidee besteht darin, daß Mannschaften in entgegengesetzten Richtungen gegeneinander antreten. So wirft beim Treibballspiel die eine Mannschaft immer in die eine und die andere genau in die entgegengesetzte Richtung. Ziel ist es, den Gegner vom Platz oder über eine Linie zu treiben. In gleicher Weise wie mit dem Werfen kann die Grundidee auch mit Sprinten, Springen und auch mit Ausdauerlaufen erfüllt werden. Auf diese Weise entsteht ein kompletter Leichtathletikwettbewerb. Der wettbewerb wird organisiert wie ein Spielturnier. Es treten immer zwei Mannschaften gegeneinander an. Wer gewinnt, erhält 2:0 Punkte, wer verliert 0:2 Punkte, und bei unentschiedenem Ausgang werden die Punkte geteilt.

Treibsprint

Die Läufer jeder Mannschaft sprinten in fester Reihenfolge jeweils 5 sec in die für die Mannschaft festgelegte Richtung. Der erste Läufer von Mannschaft zwei beginnt seinen Sprint genau von der Stelle, die der erste Läufer von Mannschaft eins nach 5 sec erreicht hat usw. Ziel ist es, die andere Mannschaft mit Sprints vom Platz zu treiben. Dafür werden jedem zwei oder drei Sprints zugestanden. Das Ziel ist erreicht, wenn es gelingt, eine bessere Position als am Anfang zu erreichen. Wird die gleiche Position erreicht, wird der Wettbewerb unentschieden gewertet.

Treibsprung

Die Springer jeder Mannschaft führen in fester Reihenfolge einen Mehrfachsprung in die für die Mannschaft festgelegte Richtung aus. Der erste Springer von Mannschaft zwei beginnt seinen Sprungeinsatz genau an der Stelle, den der erste Springer von Mannschaft eins mit seinem Sprung erreicht hat usw. Ziel jeder Mannschaft ist es, die andere vom Platz zu treiben. Dafür hat jeder zwei oder drei Sprungeinsätze. Das Ziel ist erreicht, wenn es gelingt, eine bessere Position als am Anfang zu erreichen. Wird die gleiche Position erreicht, wird der Wettbewerb unentschieden gewertet.

Treibwurf

Die Werfer jeder Mannschaft führen in fester Reihenfolge Würfe in die für die Mannschaft festgelegte Richtung aus. Der erste Werfer von Mannschaft zwei beginnt seinen Wurf genau an der Stelle, die der erste Werfer von Mannschaft eins erreicht hat. Ziel jeder Mannschaft ist es, die andere vom Platz zu treiben. Dafür hat jeder einzelne zwei oder drei Würfe. Das Ziel ist erreicht, wenn es gelingt, eine bessere Position als am Anfang zu erreichen. Wird die gleiche Position erreicht, wird der Wettbewerb unentschieden gewertet.

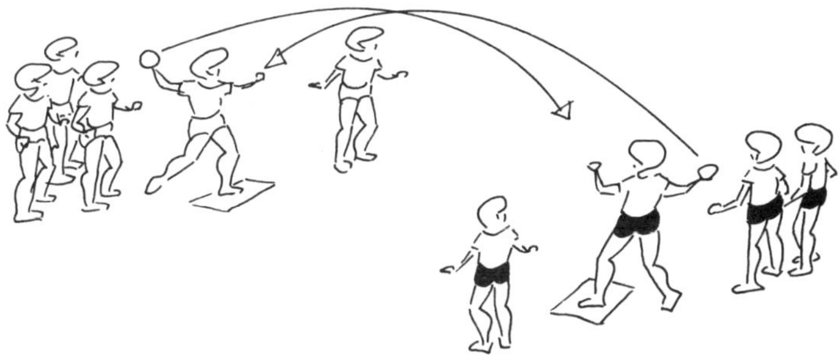

Treiblauf

Der Treiblauf ist ein Ausdauerlaufwettbewerb. Er wird auf der Rundbahn oder auf einer im Gelände festgelegten Rundstrecke im Anschluß an die anderen Wettbewerbe durchgeführt. Damit jeder nur einen Ausdauerlauf bewältigen muß, wird die Mannschaft in so viele Teile eingeteilt, wie sie in dem Turnier Wettbewerbe zu bestreiten hat (bei vier Mannschaften sind das drei Wettbewerbe, d.h. jede Mannschaft zerfällt in drei Teile). Der jeweilige Mannschaftsteil vertritt die gesamte Mannschaft. Die Organisation ist die gleiche wie bei den anderen Wettbewerben. Die Läufer der einen Mannschaft bewältigen den Rundkurs in der einen Richtung, die der anderen in der anderen Richtung. Jeder einzelne muß eine vorher festgelegte Anzahl von Minuten absolvieren. Die Mannschaft, die zum Schluß eine bessere Position als am Beginn hat, ist Sieger des Wettbewerbs.

Risiko-Wettbewerb

Beim Risiko-Wettbewerb geht es darum, die eigene Leistungsfähigkeit einzuschätzen. Es werden stufenweise schwieriger werdende Aufgaben angeboten. Die Wettkämpfer bestimmen selbst, wann sie in den jeweiligen Wettbewerb einsteigen. Schaffen sie die verlangte Aufgabe, bekommen sie die mit ihr verbundene Punktzahl gutgeschrieben und bleiben im Wettbewerb. Schaffen sie die Aufgabe jedoch - auch bei eingeräumten Wiederholungen - nicht, werden sie an der jeweiligen Station mit 0 Punkten geführt.
Der Risiko-Wettbewerb kann als Mannschafts- oder als Einzelwettbewerb durchgeführt werden. Der Sieger im Einzelwettbewerb ist der mit der höchsten Punktsumme in allen Disziplinen. Beim Mannschaftswettbewerb werden die von den einzelnen Mannschaftsmitgliedern an den Wettkampfstationen erworbenen Punkte addiert. In getrennter Wertung werden zunächst die Ergebnisse an den einzelnen Wettkampfstationen ermittelt (bei fünf Mannschaften z.B. erhält die erste fünf Punkte, die zweite vier usw.). So gibt es einen Sieger im Sprintwettbewerb, einen im Sprungwettbewerb usw. Der Gesamtsieger ist der mit der höchsten Gesamtpunktzahl.

Im folgenden werden zu einzelnen Disziplinen auch mehrere Wettbewerbe angeboten. Mit der Auswahl einer Sprint-, einer Sprung-, einer Wurf- und einer Ausdauerlaufdisziplin kann daraus ein interessanter leichtathletischer Wettbewerb zusammengestellt werden.

Risiko-Sprint (1)

In 15 m bis 20 m Entfernung liegen drei Ringe, der erste in relativ naher, der zweite in mittlerer und der dritte in entfernter Position. Die Aufgabe besteht darin, einen der Ringe in einer vorgegebenen Zeit (z.B. 8 sec) "nach Hause" zu sprinten. Jeder Sprinter entscheidet selbst, welchen Ring er aufnehmen will. Für den ersten Ring gibt es einen Punkt , für den zweiten zwei Punkte und für den dritten drei Punkte. Wer den gewählten Ring aber in der vorgegebenen Zeit nicht "nach Hause" bringt, bekommt gar keinen Punkt.

Risiko-Sprint (2)

Eine Sprintstrecke muß in einer vorgegebenen Zeit bewältigt werden (z.B.6 sec). Den Sprintern werden verschiedene Startlinien angeboten, die in Zwei-Meter-Schritten immer weiter nach hinten rücken. Jeder hat zwei Versuche, und jeder bestimmt selbst, von welcher Position er starten will. Bei einem Fehlversuch muß von der gleichen Linie noch einmal gestartet werden. Bei einem Erfolg, kann auch der zweite Versuch noch einmal frei gewählt werden. Die höchste Punktzahl wird gewertet.

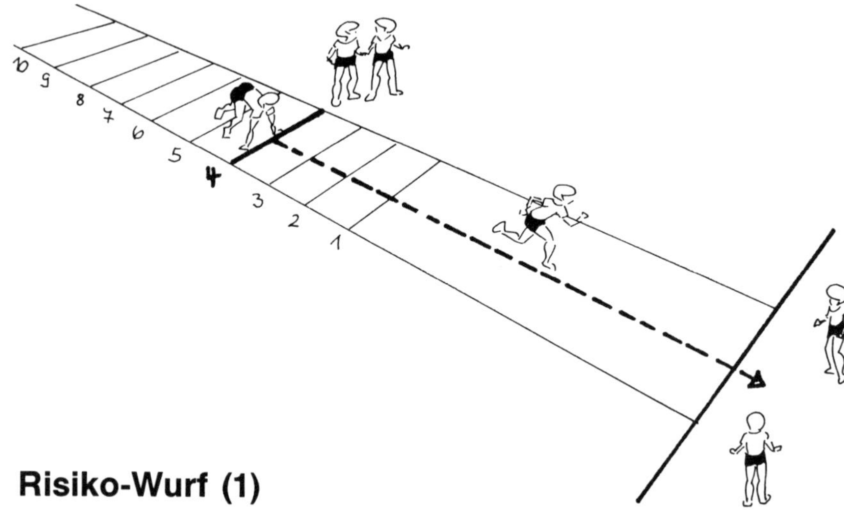

Risiko-Wurf (1)

Eine deutlich markierte Ziellinie muß mit einer festgelegten Wurfart überworfen werden. Den Werfern werden verschiedene Abwurflinien angeboten, die z.B. in Fünf-Meter-Schritten immer weiter nach hinten rücken. Jeder hat drei Versuche, und jeder bestimmt selbst, von welcher Position er zu werfen beginnt. Bei einem Fehlversuch muß von der gleichen Ausgangsposition noch einmal geworfen werden. Bei einem Erfolg können auch die beiden anderen Versuche frei gewählt werden. Die höchste Punktzahl wird gewertet.

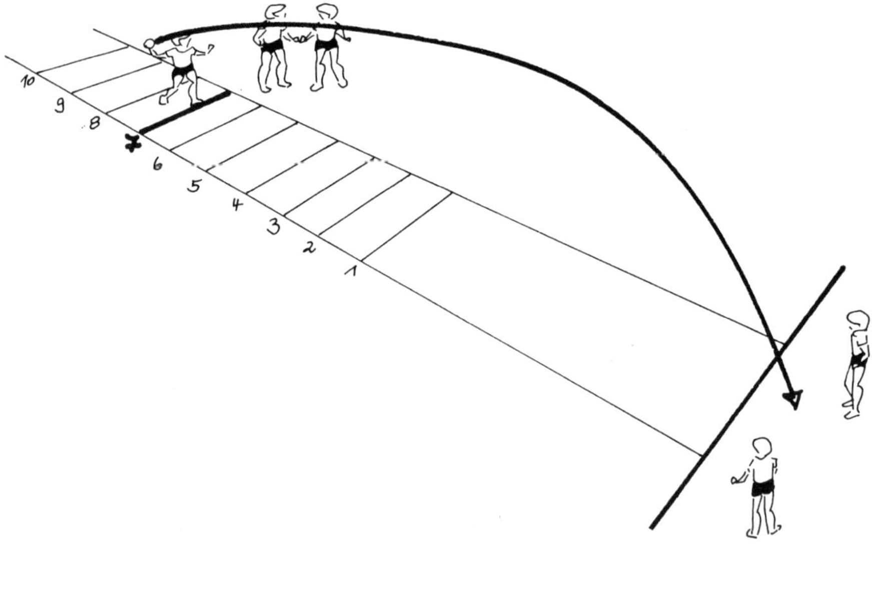

Risiko-Wurf (2)

Bei diesem Wurfwettkampf wird die zu erreichende Linie durch die Fußleiste einer Wand oder eines Zaunes bestimmt. Wird sie mit dem Wurf/-Stoß gerade noch erreicht, gilt die Wurfaufgabe als erfüllt. Wie vorher wird die Entfernung allmählich vergrößert. Jeder hat drei Versuche, und jeder bestimmt selbst, wann er in den Wettbewerb einsteigt. Bei einem Fehlversuch muß von der gleichen Ausgangsposition noch einmal geworfen/gestoßen werden. Bei einem Erfolg können auch die anderen Einsätze frei gewählt werden. Die höchste Punktzahl wird gewertet.

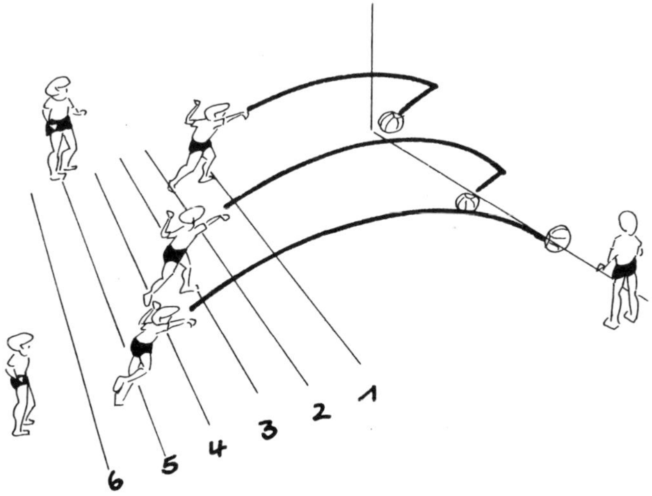

Risiko-Wurf (3)

Das Risiko besteht jetzt darin, eine "Nullzone" zu treffen. Auf dem Wurffeld sind Trefferzonen eingerichtet, zwischen denen sich "Nullzonen" befinden. Für die erste Trefferzone gibt es einen Punkt, für die zweite zwei Punkte und für die entfernteste drei Punkte. Wer jedoch eine "Nullzone" trifft, bekommt keinen Punkt gutgeschrieben. Jeder hat drei Würfe. Die erworfenen Punkte werden addiert.

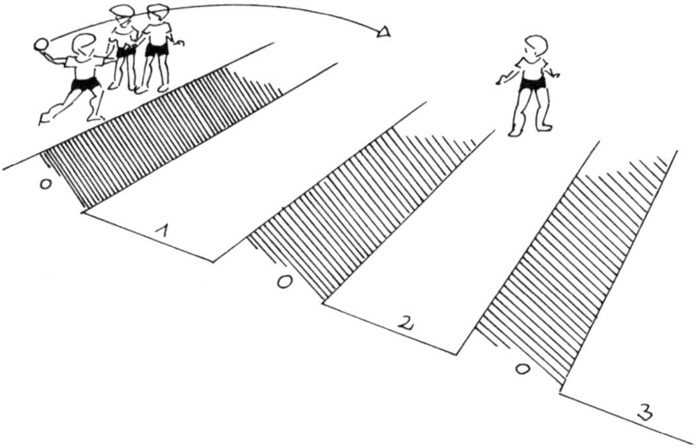

Risiko-Wurf (4)

Wie vorher besteht das Risiko darin, eine "Nullzone" zu treffen, jetzt aber mit Abprallern von einer Wand. Vor der Wand sind Trefferzonen und dazwischen liegende "Nullzonen" eingerichtet. Für Treffer gibt es einen, zwei oder drei Punkte, landet der Ball jedoch in einer "Nullzone", gibt es keinen Punkt. Jeder hat drei Würfe. Die erworfenen Punkte werden addiert.

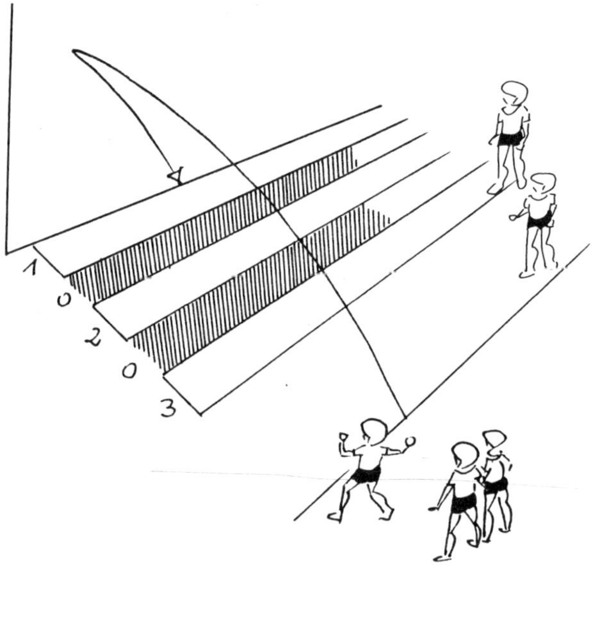

Risiko-Sprung (1)

Eine in der Weitsprunggrube fest eingerichtete Ziellinie soll in einem Mehrfachsprung (z.B. Fünfsprung) übersprungen werden. Den Springern werden verschiedene Absprunglinien angeboten, die in Meterschritten weiter nach hinten rücken. Jeder hat drei Versuche, und jeder bestimmt selbst, an welcher Stelle er in den Wettbewerb einsteigt. Bei einem Fehlversuch, muß von der gleichen Position noch einmal gesprungen werden. Bei Erfolg dürfen auch die beiden anderen Versuche frei gewählt werden. Die höchste Punktzahl wird gewertet.

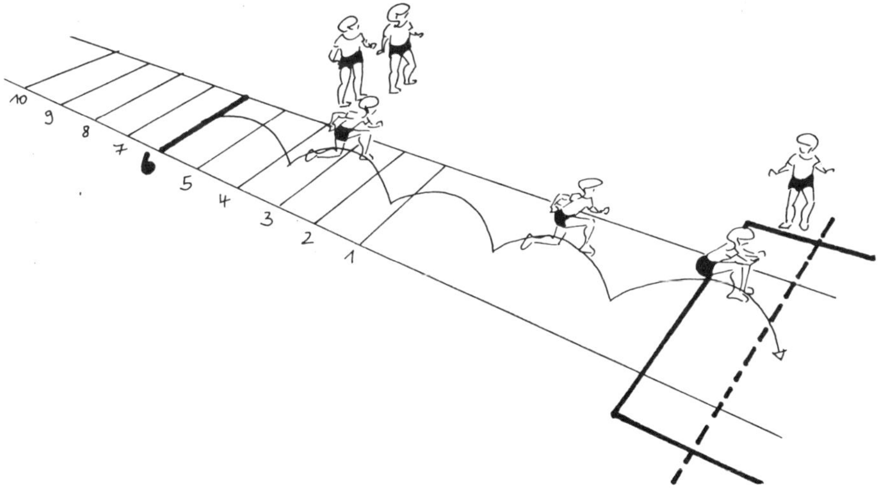

Risiko-Sprung (2)

Dieser Risiko-Sprung ist ein Hochsprung frontal über eine Latte/Leine. Vor der Hochsprunganlage ist außerdem eine Hindernisstrecke so aufgebaut, daß sie im "Einer" (jeweils ein Schritt zwischen den Hindernissen) überwunden werden kann. Die Latte wird in Schritten von 3 oder 5 cm höhergelegt. Jeder hat drei Sprünge, und jeder bestimmt selbst, wann er in den Wettbewerb einsteigt. Wenn die Latte gerissen wird, muß dieselbe Höhe noch einmal gesprungen werden. Bei Erfolg können auch die nächsten Höhen frei gewählt werden. Die höchste Punktzahl wird gewertet.

Risiko-Jogger-Meile

Die Jogger-Meile ist ein Ausdauerwettbewerb, bei dem die Laufzeit vor dem Lauf geschätzt wird und dann die tatsächlich gelaufene Zeit mit der Schätzzeit verglichen wird. Um ein gewisses Risiko zu stellen, werden drei verschiedene Zeiten vorgegeben, von denen eine als Schätzzeit gewählt werden muß. Die Aufgabe besteht dann darin, die gewählte Zeit möglichst genau zu treffen. Für bestimmte Differenzspannen zwischen Laufzeit und Schätzzeit werden Punkte vergeben (z.B. 0 bis 5 sec: 5 Punkte, 6 bis 10 sec: 4 Punkte usw.).

Wettbewerb: "Punkte sammeln"

Beim "Punkte sammeln" werden zwei verschiedene Arten von Wettkämpfen zusammengefaßt. Bei der ersten werden Stationen mit allmählich gesteigerten Schwierigkeiten eingerichtet, Jeder Wettkämpfer beginnt mit der einfachsten Schwierigkeitsstufe, und an jeder Station gibt es nur einen Versuch. Für die Erfüllung der ersten Schwierigkeitsstufe gibt es einen Punkt, für die Erfüllung der zweiten zwei usw. Bei der zweiten Wettkampfart werden Entfernungszonen eingerichtet, die mit bestimmten Punkten belegt werden. Jeder hat drei Versuche, und der beste Versuch wird mit der erreichten Punktzahl gewertet.

Sprint-Punkte

Die Aufgabe besteht darin, Sprintstrecken in fest vorgegebener Zeit (z.B. 6 sec) zu bewältigen. Für die erste Sprintstrecke gibt es einen Punkt. Sie ist so eingerichtet, daß alle es problemlos schaffen können. Alle weiteren Sprintstrecken sind um eine feste Anzahl von Metern länger. An jeder Station hat jeder Läufer nur einen Versuch. Die höchste Punktzahl wird gewertet.

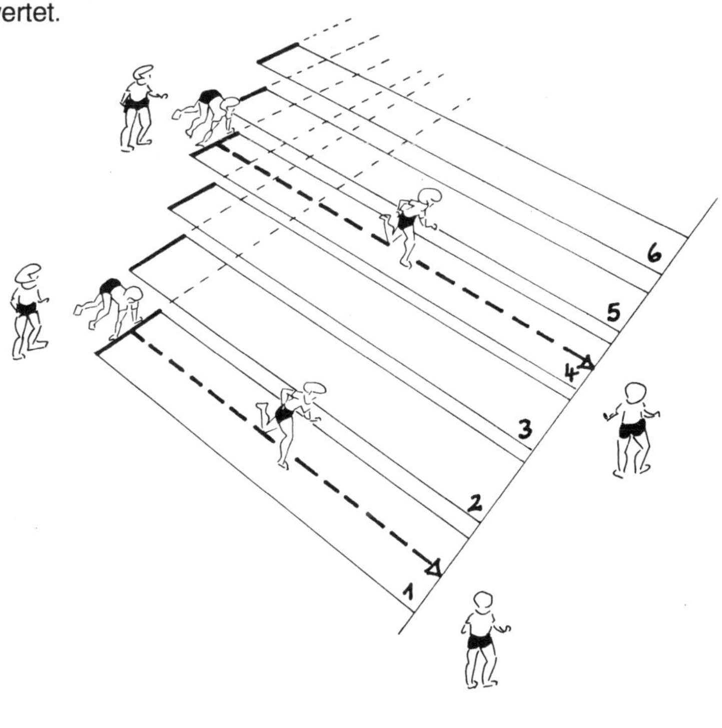

Sprung-Punkte

Die Aufgabe besteht darin, eine in einer Sprunggrube fest eingerichtete Ziellinie mit einem Mehrfachsprung zu überspringen. Für die erste Sprungstrecke gibt es einen Punkt. Sie ist so eingerichtet, daß alle es problemlos schafffen können. Alle folgenden Sprunganlagen sind ein bißchen länger. Jeder Springer hat bis zu seinem Ausscheiden an jeder Station genau einen Versuch. Die höchste Punktzahl wird gewertet.

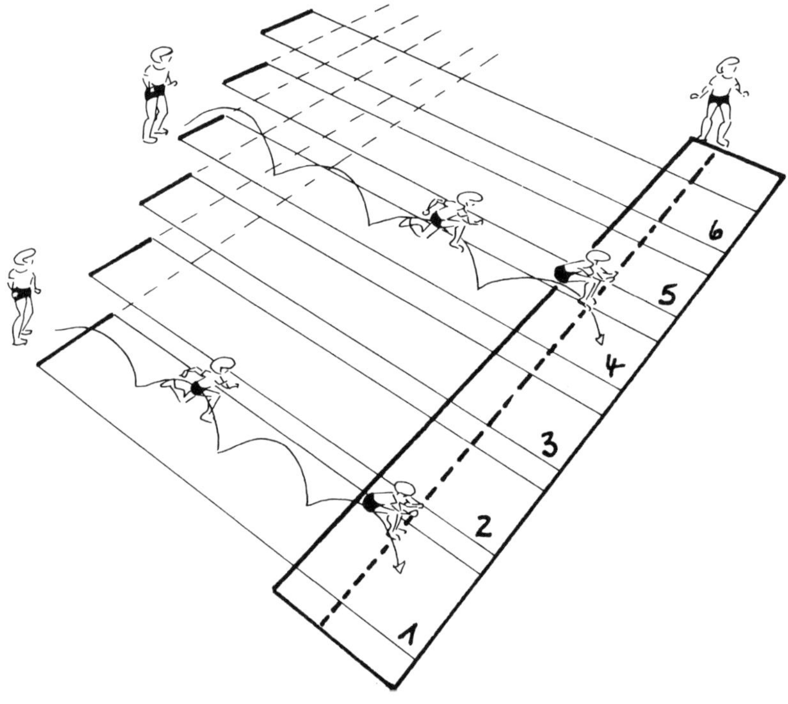

Wurf-Punkte

Die Aufgabe besteht darin, eine auf einem Wurffeld fest eingerichtete Ziellinie zu überwerfen. Für die erste Entfernung gibt es einen Punkt. Sie ist so eingerichtet, daß alle es problemlos schaffen können. Alle folgenden Wurfanlagen sind um eine bestimmte Meterzahl länger. Jeder hat an jeder Anlage einen Versuch. Die höchste Punktzahl wird gewertet.

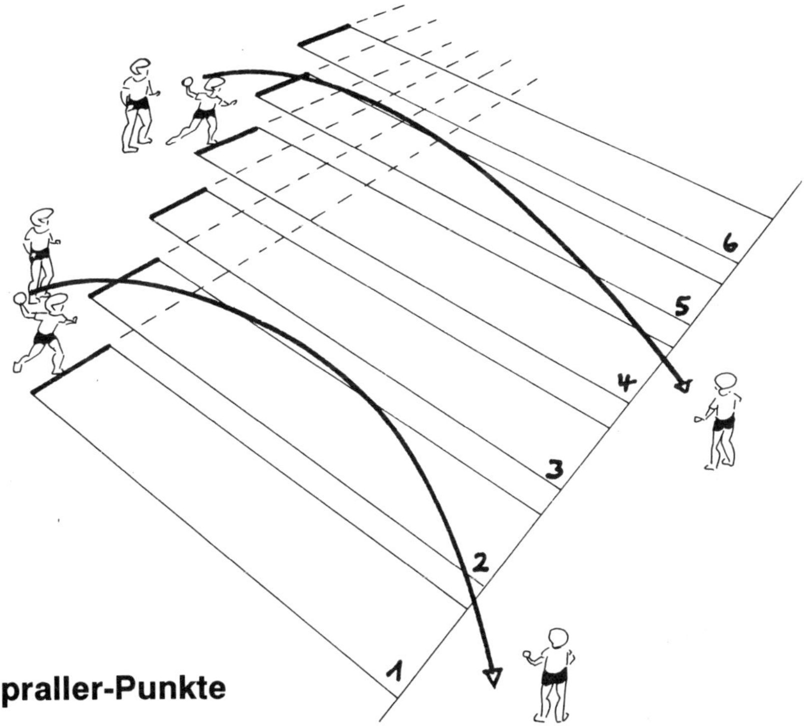

Abpraller-Punkte

Ein Ball wird so gegen eine Wand geworfen, daß er möglichst weit abprallt. Vor der Wand sind Trefferfelder eingerichtet. Je weiter der Ball von der Wand abprallt, desto höher ist die erreichte Punktzahl.

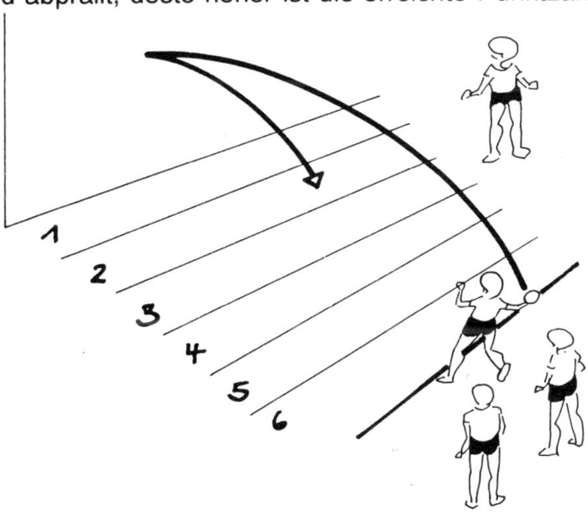

Staffel-Wettbewerb

Staffelwettbewerbe sind interessante Mannschaftswettbewerbe. Einfachstes Beispiel ist die traditionelle Pendelstaffel. In gleicher Weise können Hürdenlaufstaffeln und Sprungstaffeln und auch Ausdauerlaufstaffeln auf einem größeren Rundkurs oder einer Hindernisstrecke durchgeführt werden. Auf höherem Leistungsniveau können alle Aufgaben mit Stabübergaben im Wechselraum durchgeführt werden. Wenn der Wettbewerb so eingerichtet werden kann, daß alle Mannschaften einer Wettkampfrunde gleichzeitig antreten können, können die Punkte für jede einzelne Disziplin nach der Europapokalwertung vergeben werden. Gesamtsieger ist die Mannschaft mit der höchsten Gesamtpunktzahl.

Pendelstaffel

Jede Mannschaft besetzt eine Sprintstrecke, die eine Hälfte stellt sich auf der einen Seite, die andere auf der anderen Seite auf. Gesprintet wird in fester Reihenfolge. Die Strecke ist von jedem Läufer einmal, d.h nur in einer Richtung, oder zweimal, d.h. einmal aus jeder Richtung, zurückzulegen. Der Wechsel erfolgt jeweils durch Übergabe des Staffelstabes.

Rundenstaffel mit Wechselraum

Mehrere Mannschaften starten auf einem Rundkurs gegeneinander. Jede Mannschaft besitzt ihren eigenen Wechselraum für eine ungestörte Stabübergabe.

Hürden-Pendelstaffel

Jede Mannschaft besetzt eine Hürdenstrecke. Wenn Bananenkartons verwendet werden, können die Hürdenstrecken problemlos von beiden Seiten überlaufen werden. Jeder Sprinter hat die Strecke einmal, d.h. nur in einer Richtung, oder zweimal, d.h. einmal in jeder Richtung, zurückzulegen. Der Wechsel erfolgt jeweils durch Übergabe des Staffelstabes.

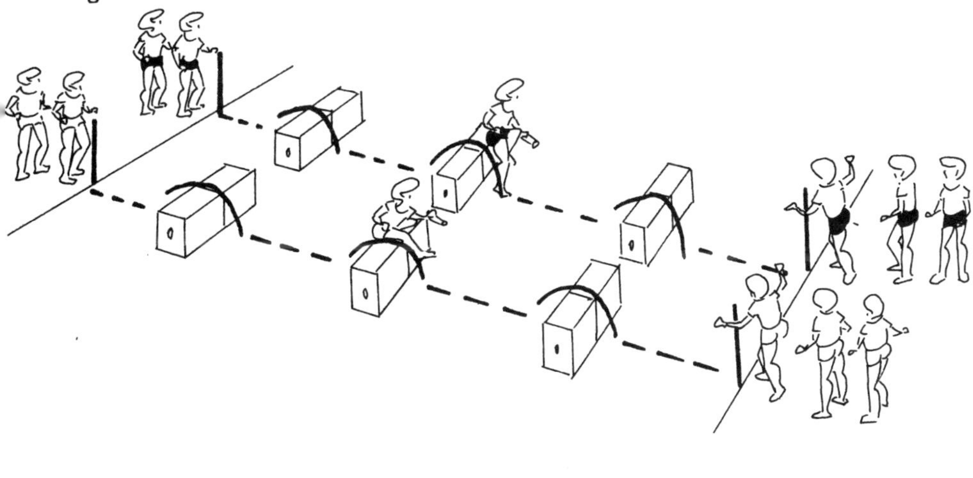

Hürden-Rundenstaffel

Für alle Mannschaften ist ein gleicher Wechselraum eingerichtet. Jeder Sprinter absolviert eine Runde und übergibt den Staffelstab dann an den nächsten. Damit an den Hürden keine Störungen entstehen, ist aus Bananenkartons ein breites Hürdenfeld ausgebaut.

Sprung-Pendelstaffel

Jede Mannschaft besetzt eine Hindernisanlage. Die Hindernisse sind in ihren Abständen zueinander so aufgebaut, daß ihre Überwindung nach einem ganz bestimmten rhythmischen Muster erfolgen kann (z.B. "Einer", "Zweier" usw.) Jeder Springer legt die Strecke einmal, d.h. nur in einer Richtung, oder zweimal, d.h. einmal in jeder Richtung, zurück. Der Wechsel erfolgt durch Übergabe eines Tennisringes oder Staffelholzes.

Reitturnier

Das "Reitturnier" ist je nach Länge der Rundstrecke ein Sprungwettbewerb oder ein Ausdauerwettbewerb. Auf jeder Seite des Rundkurses werden verschiedene Sprungaufgaben gestellt ("Zweifache Kombination", "Dreifache Kombination", "Oxer", "Steilsprung", "Wassergraben" usw.). Jede Mannschaft startet an einer anderen Ecke. Je nach Zielsetzung hat jeder eine oder mehrere Runden zurückzulegen.

Hindernis-Rundenstaffel

Die Hindernis-Rundenstaffel ist ein interessanter Ausdauerwettbewerb. Der Rundkurs wird mit verschiedenen Hindernissen eingerichtet. Jeder einzelne Läufer legt mehrmals hintereinander eine Runde (z.B. sechsmal wie beim Sechstagerennen) oder mehrere Runden in Folge zurück. Jede Mannschaft startet an einer anderen Ecke.

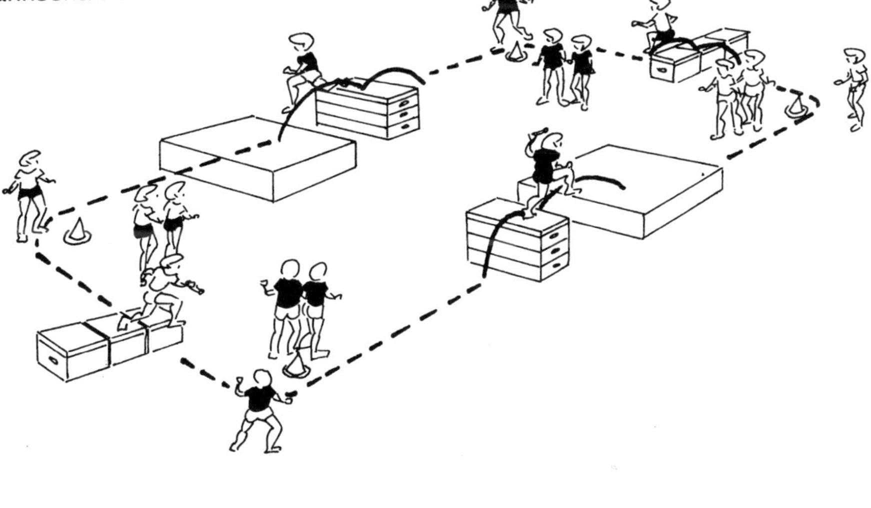

Wurf-Stafette

Auch das Werfen kann in Form einer Staffel als Mannschaftswettbewerb organisiert werden. Das geschieht z.B. in der Weise, daß ein Ball von festen Abwurfpositionen aus im Kreis herumgeworfen wird. Besonders geeignet sind Schweifbälle. Jede Mannschaft besetzt alle Abwurfpositionen, beginnt den Stafettendurchgang aber an einer anderen Stelle. Der nach einem Wurf aufgenommene Ball muß zur nächsten Abwurfstelle getragen werden und darf dann erst weitergeworfen werden. Der Wettbewerb läuft über eine feste Anzahl von Einsätzen jedes einzelnen Werfers oder über eine festgelegte Anzahl von Runden.

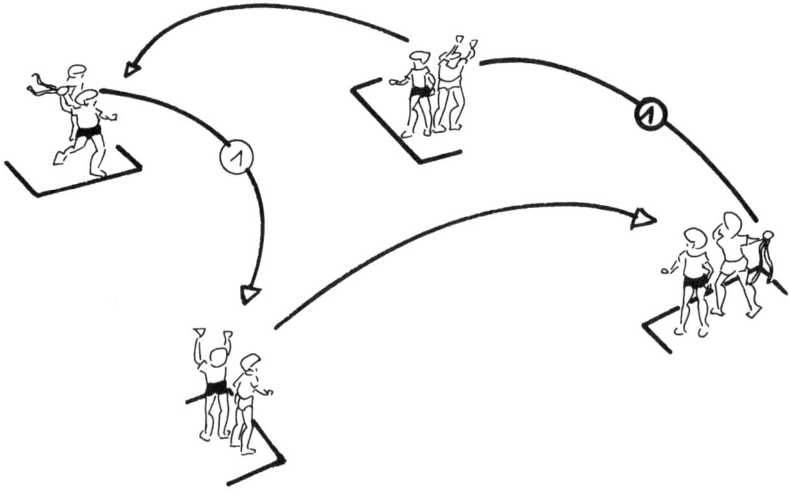

Drehwurf-Stafette

Statt eines Schweifballes wird jetzt ein Fahrradreifen von Position zu Position herumgeworfen. Je nach Zielsetzung kann aus dem Stand (Schockwurf) oder aus der Drehung geworfen werden.

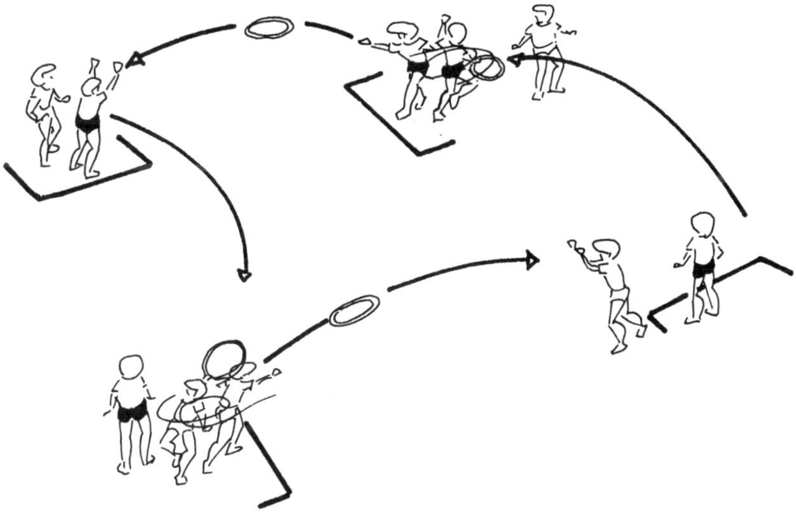

Gemischter Wettbewerb

Der gemischte Wettbewerb steht nicht wie die bisherigen Wettbewerbe unter einem bestimmten Motto, sondern es werden bewußt unterschiedliche Wettbewerbsideen ausgesucht, so daß bei jeder neuen Disziplin ein anderer Gedanke im Mittelpunkt steht. Mit der Auswahl von Sprint-, Sprung-, Wurf- und Ausdaueraufgaben können komplette leichtathletische Wettbewerbe mit ganz unterschiedlichem Gesicht entstehen. Ein Beispiel soll abschließend vorgestellt werden.

Hütchen-Sprint

Hütchen-Sprint ist ein Risiko-Wettbewerb. Die Aufgabe besteht darin, eine Sprintstrecke mit Hin- und Rückweg in einer festgelegten Zeit zu bewältigen. Als Umkehrpunkte werden auf jeder Bahn Hütchen in unterschiedlichen Abständen eingerichtet. Für das Umlaufen des ersten Hütchens erhält man einen Punkt, für das des zweiten Hütchens zwei Punkte usw., aber nur wenn man in der festgesetzten Zeit "nach Hause" kommt. Wer es nicht schafft, bekommt keinen Punkt.

Zonen-Weitsprung

In der Weitsprunggrube werden verschiedene Zonen eingerichtet, die mit gesteigerter Entfernung mit höheren Punktzahlen versehen werden. Der Anlauf erfolgt auf einer rhythmischen Sprungstrecke, deren Abstände so eingerichtet sind, daß die Hindernisse im "Einer" überwunden werden können und hinter dem letzten Hindernis ausreichend Platz für jeden kraftvollen Absprung ist. Jeder Sprung, der vollständig in der Zone landet, wird mit der entsprechenden Punktzahl honoriert.

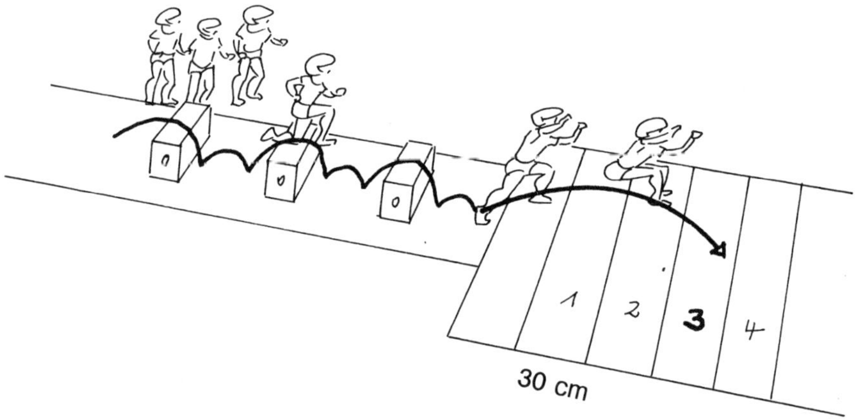

Strecke machen

Von einer Startlinie aus bewegen sich die Mannschaften mit Würfen/-Stößen vorwärts. Jeder nächste Werfer beginnt dort, wo der Ball des vorherigen gelandet ist. Die Mannschaften werfen in fester Reihenfolge, und jeder hat zwei/drei Einsätze. Gemessen wird die insgesamt zurückgelegte Strecke.

Ausdauer-Biathlon

Der Ausdauer-Biathlon besteht aus Ausdauerlaufen und Zielwerfen. Auf einer langen Rundstrecke, die einmal oder mehrmals absolviert werden muß, werden mehrere Wurfstationen mit gleichen oder auch verschiedenen Wurfaufgaben angeboten. Zwischen den Wurfstationen dürfen die einzelnen Mannschaftsmitglieder so schnell laufen, wie sie wollen; an den Wurfstationen müssen sie jedoch so lange warten, bis alle Mannschaftsmitglieder ihre Aufgabe erfüllt haben. Hier kann unterschiedlich verfahren werden. Entweder muß jeder so lange werfen, bis er seine Wurfaufgabe erfüllt hat, oder es muß für jede nicht erfüllte Wurfaufgabe eine Strafrunde absolviert werden. Die Laufzeit wird genommen, wenn der letzte einer Mannschaft durchs Ziel kommt.

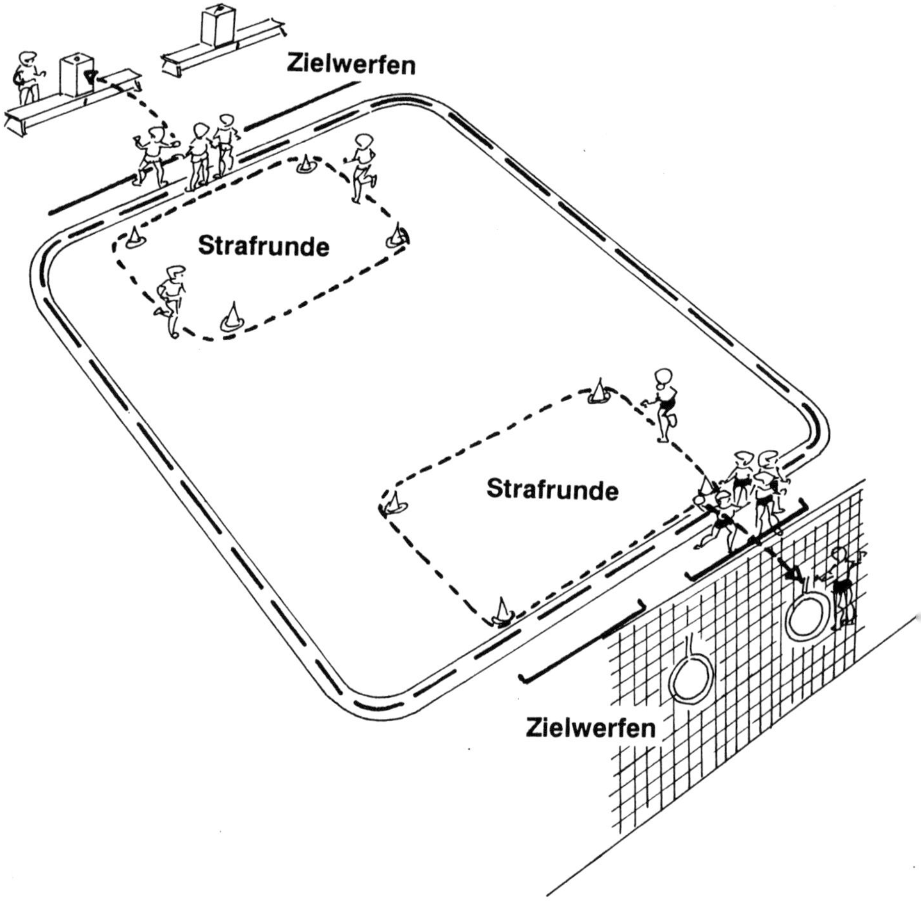

Staffelwettbewerb: 4 x 50m

Alle 50m liegt für jede Mannschaft ein Fahrradreifen auf der Laufbahn. Der jeweils ankommende Sprinter legt einen Tennisring in den Reifen. Der nächste nimmt diesen auf und sprintet zum nächsten Reifen usw.

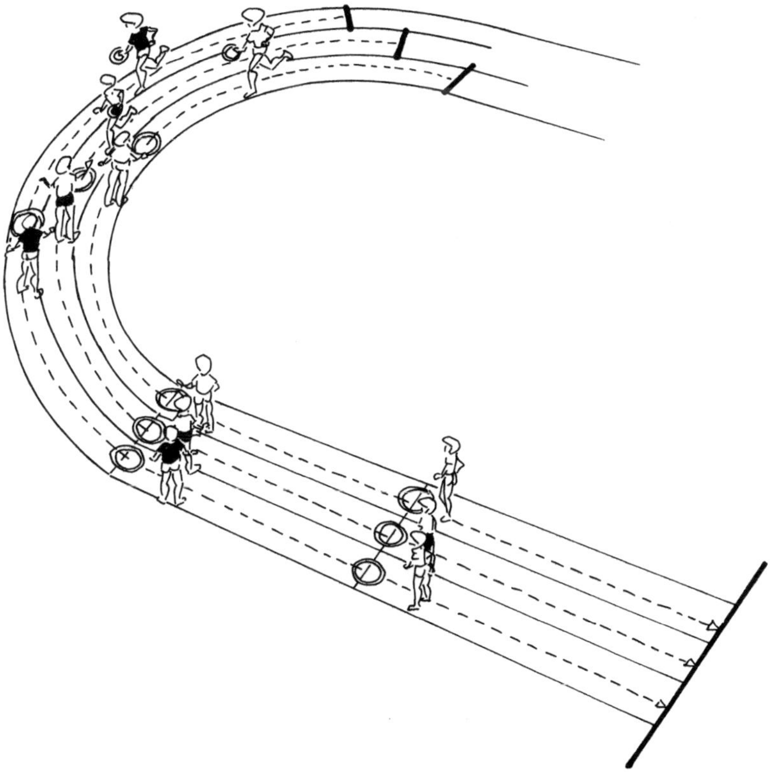

Literatur

Becker, U./ Massin, D.: "Schulsport Leichtathletik". In: Die Lehre der Leichtathletik 32 (1993) 14, 15 - 18

Frey, G./ Hildenbrandt, E./ Kurz, D.: Laufen, Springen, Werfen. Reinbeck 1984

Haberkorn, C./ Plaß, R.: Spezielle Didaktik der Sportarten. Leichtathletik 1. Didaktische Grundlagen - Lauf. Frankfurt a.M. 1992

Haberkorn, C./ Plaß, R.: Spezielle Didaktik der Sportarten. Leichtathletik 2. Didaktische Grundlagen - Sprung - Wurf - Stoß. Frankfurt a.M. 1992

Hirtz, P.: Koordinative Fähigkeiten im Schulsport. Berlin 1988

Joch, W. (Hrsg.): Rahmentrainingsplan für das Grundlagentraining. Aachen 1991

Katzenbogner, H./ Medler, M.: "Was hat die Banane mit der Leichtathletik zu tun?" In: Sportunterricht (Lehrhilfen), Schorndorf 38 (1989) 6, 81 - 87

Klupsch-Sahlmann, R.: ""Joggi" - der Hase". In: Sportpädagogik, Seelze 14 (1990) 5, 33 - 34

Medler, M.: Ausdauerlauf in der Schule. Neumünster 1987[2]

Medler, M.: Leichtathletik. Spiel und Wettspielformen. Neumünster 1988[2]

Röthig, P.: Rhythmus und Bewegung. Schorndorf 1967

Scheuerl, H.: Das Spiel. Weinheim/ Basel 1990[11]